本书系国家社会科学基金项目（18CJL047）的最

湖南师范大学·经济管理学科丛书
HUNANSHIFANDAXUE　JINGJIGUANLIXUEKECONGSHU

区际经济扩散效应的形成机制、计量评价与强化策略

The Formation Mechanism, Quantitative Evaluation, and Strengthening Strategies of Interregional Economic Diffusion Effect

罗富政 ◎ 著

经济管理出版社
ECONOMY & MANAGEMENT PUBLISHING HOUSE

图书在版编目（CIP）数据

区际经济扩散效应的形成机制、计量评价与强化策略/罗富政著.—北京：经济管理出版社，2023.10
ISBN 978-7-5096-9372-8

Ⅰ.①区… Ⅱ.①罗… Ⅲ.①区域经济发展—研究—中国 Ⅳ.①F127

中国国家版本馆 CIP 数据核字（2023）第 204829 号

组稿编辑：杨　雪
责任编辑：杨　雪
助理编辑：王　蕾
责任印制：许　艳
责任校对：张晓燕

出版发行：经济管理出版社
　　　　　（北京市海淀区北蜂窝 8 号中雅大厦 A 座 11 层　100038）
网　　址：www.E-mp.com.cn
电　　话：（010）51915602
印　　刷：北京晨旭印刷厂
经　　销：新华书店
开　　本：710mm×1000mm/16
印　　张：14.5
字　　数：245 千字
版　　次：2023 年 11 月第 1 版　2023 年 11 月第 1 次印刷
书　　号：ISBN 978-7-5096-9372-8
定　　价：88.00 元

·版权所有　翻印必究·
凡购本社图书，如有印装错误，由本社发行部负责调换。
联系地址：北京市海淀区北蜂窝 8 号中雅大厦 11 层
电话：（010）68022974　邮编：100038

总序 SEQUENCE

当历史的年轮跨入2018年的时候，正值湖南师范大学建校80周年之际，我们有幸进入到国家"双一流"学科建设高校的行列，同时还被列入国家教育部和湖南省人民政府共同重点建设的"双一流"大学中。在这个历史的新起点上，我们憧憬着国际化和现代化高水平大学的发展前景，以积极进取的姿态和"仁爱精勤"的精神开始绘制学校最新、最美的图画。

80年前，随着国立师范学院的成立，我们的经济学科建设也开始萌芽。从当时的经济学、近代外国经济史、中国经济组织和国际政治经济学四门课程的开设，我们可以看到现在的西方经济学、经济史、政治经济学和世界经济四个理论经济学二级学科的悠久渊源。中华人民共和国成立后，政治系下设立政治经济学教研组，主要承担经济学的教学和科研任务。1998年开始招收经济学硕士研究生，2013年开始合作招收经济统计和金融统计方面的博士研究生，2017年获得理论经济学一级学科博士点授权，商学院已经形成培养学士、硕士和博士的完整的经济学教育体系，理论经济学成为国家一流培育学科。

用创新精神研究经济理论构建独特的经济学话语体系，这是湖南师范大学经济学科的特色和优势。20世纪90年代，尹世杰教授带领的消费经济研究团队，系统研究了社会主义消费经济学、中国消费结构和消费模式，为中国消费经济学的创立和发展做出了重要贡献；进入21世纪以后，我们培育的大国经济研究团队，系统研究了大国的初始条件、典型特征、发展形势和战略导向，深入探索了发展中大国的经济转型和产业升级问题，构建了大国发展经济学的逻辑体系。正是由于在消费经济和大国经济领域上的开创性研究，铸造了商学院的创新精神和学科优势，进而形成了我们的学科影响力。

目前，湖南师范大学商学院拥有比较完善的经管学科专业。理论经济学和工商管理是其重点发展领域，我们正在努力培育这两个优势学科。我们拥有充满活力的师资队伍，这是创造商学院新的辉煌的力量源泉。为了打造展示研究成果的平台，我们组织编辑出版经济管理学科丛书，将陆续推出商学院教师的学术研究成果。我们期待各位学术骨干编写出高质量的著作，为经济管理学科发展添砖加瓦，为建设高水平大学增光添彩，为中国的经济学和管理学走向世界做出积极贡献！

前言 PREFACE

改革开放以来,增长极理论在我国得到了实际应用。增长极战略的运用意在通过极化效应使先发地区成为增长极,然后发挥其扩散效应,通过要素流动、产业转移、技术扩散及制度模仿带动其与欠发达地区的共同发展。目前,我国区域经济发展的极化效应非常突出,如省际层面东部省份的领先发展、城际层面北上广深等大型城市的集聚发展、城乡层面城市的快速发展等,但扩散效应则明显不足,这也是造成我国区际发展不平衡和一些区域发展不充分的重要原因。在此背景下,强化先发省份、中心城市与城市地区等发达地区对后发省份、周边城市与农村地区等欠发达地区的经济扩散效应,对建立更加有效的区域协调发展新机制、促进我国区域共同富裕具有重要的理论与现实意义。本书研究的主要目的在于解析发达地区对欠发达地区经济扩散效应的形成机制和现实情况,进而提出发达地区对欠发达地区经济扩散效应的强化策略,为解决我国区域经济发展中存在的"不平衡、不充分"问题,推进我国高质量、现代化区域协调发展新机制的重构,提供重要的理论依据和决策参考。

本书在对既有研究进行文献梳理和研究回顾的基础上,阐析发达地区对欠发达地区经济扩散效应的理论内涵,并从省际、城际、城乡三个层面剖析发达地区对欠发达地区经济扩散效应的现实维度,其中省际维度表现为先发省份与后发省份,城际维度表现为中心城市与周边城市,城乡维度表现为城市地区与农村地区。随后,本书从阶段特征、形成路径、形成动力三个方面分析发达地区对欠发达地区经济扩散效应的形成机制。发达地区对欠发达地区的经济扩散效应通过微观要素、中观产业、宏观发展三重路径得以实现，其中微观要素路径表现为资本要素扩散、劳动力要素扩散、技术要素扩散、制度要素扩散四个方面；中观产业路径表现为产业链扩散和产业迭代转移两个方面；宏观发展路径是微观要素扩散和中观产业扩散的现实结果。发达地区对欠发达地区经济扩散效应的形成动力包括市场动力机制和政府动力机制两个方面，其中市场动力机制包括要素价格机制、市场竞争机制和产业链条机制等。

在发达地区对欠发达地区经济扩散效应的计量评价中，本书主要做了三方面工作，具体如下：

其一，在省际维度，基于 2000~2019 年省级面板数据，运用引入空间地理权重矩阵的非线性最小二乘法，计量评价全国层面与地区层面先发省份对后发省份的经济扩散效应及其区域异质性，并检验其地理距离衰减规律。研究发现：①就全国层面而言，先发省份对后发省份呈现显著的经济扩散效应，其中上海、浙江、江苏对后发省份的经济扩散效应强度较高，而广东、河北、北京对后发省份的经济扩散效应强度较弱。②就地区层面而言，中部地区内先发省份对后发省份的经济扩散效应强度高于东部地区内先发省份对后发省份的经济扩散效应强度，西部地区内先发省份对后发省份依然存在较为显著的极化效应。③就区域异质性而言，全国层面先发省份内部存在较为显著的经济扩散效应，其中江苏、浙江、福建、上海的扩散效应强度较高；全国层面后发省份内部也存在较为显著的经济扩散效应，其中辽宁、内蒙古、吉林、黑龙江的扩散效应强度较高。④先发省份对后发省份的经济扩散效应符合地理距离衰减规律，形成了平滑式和跳跃式两种类型，且地理距离衰减规律存在阈值差异，其中 1350 千米阈值内省际经济扩散效应更为显著，750~1200 千米阈值内省际经济扩散效应依然受到极化效应的干扰。

其二，在城际维度，基于 2002~2018 年中国八大重点城市群的城级面板数据，运用引入空间地理权重矩阵的非线性最小二乘法，分别计量估计单核、双核、多核城市群中心城市对周边城市经济扩散效应的整体系数和个体系数，并检验其地理距离衰减规律。研究发现：①就整体系数而言，单核城市群中心城市对周边城市的经济扩散效应强于双核和多核城市群；受区位特征和经济发展水平的影响，中西部地区城市群中心城市对周边城市的经济扩散效应普遍高于东部地区城市群；若城市群内部城际非均衡程

前言

度越高,中心城市对周边城市的经济扩散效应相对较强。②就个体系数而言,经济扩散效应强度最大的5座中心城市分别是广州、长春、南昌、重庆、上海;中心城市对周边城市的经济扩散效应受城市战略定位影响显著;多核城市群中心城市经济扩散效应的个体系数普遍高于整体系数,且高层级中心城市的经济扩散效应强于次级中心城市。此外,同一城市群中不同中心城市的经济扩散效应存在一定的差异,表现出层级效应,其中外向型战略定位城市的经济扩散效应较弱,具有政治地位优势的直辖市的经济扩散效应较强。③中心城市经济扩散效应强度契合距离衰减效应规律,但具体表现呈现两方面特征:一是受极化效应影响而表现出的以武汉、成都、西安为代表的类似"L"型趋势;二是受扩散效应影响而表现出的以深圳、广州、郑州、南昌、长沙、重庆、上海、南京、北京和天津为代表的类似"倒L"型趋势。④就上海、合肥、哈尔滨、长春、天津和南昌6座中心城市而言,以其为中心的200千米范围内经济扩散效应最强,超出这一阈值其经济扩散效应逐渐削弱。就南京、杭州、北京、成都和西安这5座中心城市而言,以其为中心的300千米范围内经济扩散效应最强,超出这一阈值其经济扩散效应强度逐渐削弱。就郑州、重庆、武汉和长沙4座中心城市而言,以其为中心的300千米范围外经济扩散效应最强。

其三,在城乡维度,从宏观发展、中观产业和微观要素三个层面构建指标体系,利用熵值法测度我国30个省份1997~2017年城市地区对农村地区的经济扩散效应,并从城市经济扩散能力、农村扩散承接能力、城乡空间联系程度、城乡发展政府干预四个方面,构建半对数模型实证检验城市地区对农村地区经济扩散效应的影响因素。研究发现:①整体而言,城市地区对农村地区具有显著的经济扩散效应。西部地区城市对农村的经济扩散效应强度远低于东中部地区,其中经济扩散效应强度排名前十的省份中东部地区省份占60%,排名后十的省份中西部地区省份占比达60%。②就时间趋势而言,城市对农村经济扩散效应短期内虽有波动但整体上升趋势明显且受政府政策影响较大,云南、陕西、甘肃等西部地区省份的经济扩散效应强度普遍较低且走势比较平缓。③就空间布局而言,城市对农村经济扩散效应呈现东中西阶梯式分布明显,同一区域内不同省份间的差异较大。经济扩散效应区域集聚特征明显,经济扩散效应较高的区域集中在京津冀、长三角地区,其次是华中和华南地区,再次是东北地区,最后

是西南地区和西北地区。④城市经济扩散能力提升可以强化城市对农村的经济扩散效应，但存在极化效应向扩散效应的经济阶段性调整；农村扩散承接能力提升可以强化城市对农村的经济扩散效应；城乡空间联系程度的提升可以强化城市对农村的经济扩散效应；过度的城乡发展政府干预削弱了城市对农村的经济扩散效应。

基于上述研究结论，本书提出发达地区对欠发达地区经济扩散效应的强化思路：经济扩散效应强化的前提是推动全国统一大市场建设，经济扩散效应强化的条件是拓展空间链条式网络，经济扩散效应强化的基础是有效市场和有为政府的协同建设，经济扩散效应强化的核心是培育区域发展新增长。进而，本书提出省际、城际、城乡三重现实维度下经济扩散效应的强化策略：省际维度关注多区位发展格局优化以及区域差异化视角、地理衰减规律视角、疏通扩散渠道视角、打破行政壁垒视角的策略强化；城际维度关注城市群空间布局规划以及要素共享视角、产业配置视角、增长极培育视角、区域异质性视角的策略强化；城乡维度关注乡村振兴战略深入推进以及城市地区主体视角、农村地区主体视角、城乡产业互通视角、城乡制度协同视角的策略强化。

区域共同富裕是下阶段我国区域政策制定的重要导向。为此，本书基于城乡视角拓展性地探究了区际扩散效应作用下的区域共同富裕进程。研究表明：强化扩散效应对于扎实推动城乡共同富裕具有重要的理论与现实意义。而城乡共同富裕的推动，需要强化城市扩散强度，提升农村承接能力，促进产业链条衔接与城乡融合，优化城乡制度安排协同供给。

目录 CONTENTS

第一章 绪论 001

第一节 研究背景和研究意义/003

一、研究背景/003

二、研究意义/005

第二节 研究的思路与结构/006

第三节 研究方法和创新点/009

一、研究方法/009

二、研究创新点/010

第二章 文献综述与研究回顾 013

第一节 关于区际经济扩散效应作用机理与量化评价的相关研究/015

一、区际经济扩散效应的理论缘起/015

二、关于区际经济扩散效应作用机理的相关研究/016

三、关于区际经济扩散效应量化评价的相关研究/020

第二节 关于区际经济扩散效应传导模式与影响因素的相关研究/023

一、关于区际经济扩散效应传导模式的相关研究/023

二、关于区际经济扩散效应影响因素的相关研究/024

第三节 经济扩散效应作用下三重维度区际
经济关系的相关研究/026
　　一、经济扩散效应作用下省际层面区际经济关系研究/026
　　二、经济扩散效应作用下城际层面区际经济关系研究/028
　　三、经济扩散效应作用下城乡层面区际经济关系研究/029
第四节 本章小结：文献评述/030

第三章　发达地区对欠发达地区经济扩散效应的形成机制　033

第一节 发达地区对欠发达地区经济扩散效应的理论
内涵与现实维度/035
　　一、发达地区对欠发达地区经济扩散效应的理论内涵/035
　　二、发达地区对欠发达地区经济扩散效应的现实维度/038
第二节 先发省份对后发省份经济扩散效应的形成机制/041
　　一、先发省份与后发省份经济发展格局的阶段特征/041
　　二、先发省份对后发省份经济扩散效应的形成路径/042
　　三、先发省份对后发省份经济扩散效应的形成动力/047
第三节 中心城市对周边城市经济扩散效应的形成机制/050
　　一、中心城市对周边城市经济扩散效应的阶段特征/050
　　二、中心城市对周边城市经济扩散效应的形成路径/052
　　三、中心城市对周边城市经济扩散效应的形成动力/055
第四节 城市地区对农村地区经济扩散效应的形成机制/057
　　一、城市地区对农村地区经济扩散效应的阶段特征/057
　　二、城市地区对农村地区经济扩散效应的形成路径/059
　　三、城市地区对农村地区经济扩散效应的形成动力/062
第五节 本章小结/064

第四章　先发省份对后发省份经济扩散效应的计量评价　067

第一节 计量评价方案设计/069

一、全国与地区层面先发省份的界定与遴选/069

二、计量评价模型构建/071

三、指标设计与数据选取/073

第二节 全国层面先发省份对后发省份经济扩散
效应的评价/075

一、先发省份对后发省份经济扩散效应的整体与
个体系数估计/075

二、稳健性检验/078

第三节 地区层面先发省份对后发省份经济扩散
效应的评价/082

一、东部地区先发省份对后发省份经济扩散效应的评价/082

二、中部地区先发省份对后发省份经济扩散效应的评价/084

三、西部地区先发省份对后发省份经济扩散效应的评价/085

第四节 区域异质性视角下省际经济扩散效应的
计量评价/086

一、全国层面先发省份内部省际经济扩散效应的评价/087

二、全国层面后发省份内部省际经济扩散效应的评价/088

第五节 先发省份对后发省份经济扩散效应的
地理距离衰减规律检验/091

一、递进式地理距离阈值设定的衰减规律检验/091

二、基于1350千米阈值的经济扩散效应比较分析/096

三、基于750~1200千米阈值的经济扩散效应比较分析/098

第六节 本章小结/099

第五章 中心城市对周边城市经济扩散效应的计量评价 101

第一节 计量评价方案设计/103

一、研究样本选取/103

二、评价模型构建和变量说明/104

第二节 中心城市对周边城市经济扩散效应的
评价结果分析/107
  一、多核城市群中心城市对周边城市经济扩散效应评价/107
  二、双核城市群中心城市对周边城市经济扩散效应评价/111
  三、单核城市群中心城市对周边城市经济扩散效应评价/117

第三节 中心城市对周边城市经济扩散效应的
特征与比较分析/119
  一、整体经济扩散效应差异：区位特征、核数差异与内部非均衡/119
  二、个体经济扩散效应差异：战略定位与层级效应/121

第四节 中心城市对周边城市经济扩散效应的
地理距离衰减规律检验/123
  一、递进式地理距离阈值设定的衰减规律检验/124
  二、基于200千米阈值的经济扩散效应强度比较分析/127
  三、基于300千米阈值的经济扩散效应强度比较分析/128

第五节 本章小结/130

第六章 城市地区对农村地区经济扩散效应的计量评价　133

第一节 计量评价方案设计/135
  一、赋权方法选取/136
  二、指标体系构建/137

第二节 城市地区对农村地区经济扩散效应的时空分析/139
  一、城市地区对农村地区经济扩散效应的时间趋势分析/139
  二、城市地区对农村地区经济扩散效应的空间差异分析/140

第三节 城市地区对农村地区经济扩散效应的
影响因素分析/142
  一、数据来源与指标选取/142
  二、模型设立及平稳性检验/145

　　　　三、基准估计结果分析/145

　　　　四、区域异质性检验/148

　第四节　本章小结/150

第七章　强化发达地区对欠发达地区经济扩散效应的思路与策略　153

　第一节　强化发达地区对欠发达地区经济扩散效应的思路/155

　　　　一、经济扩散效应强化的前提：建设全国统一大市场/155

　　　　二、经济扩散效应强化的条件：拓展空间链条式网络/157

　　　　三、经济扩散效应强化的基础：有效市场和有为政府/160

　　　　四、经济扩散效应强化的核心：培育区域发展增长极/161

　第二节　强化先发省份对后发省份经济扩散效应的策略/163

　　　　一、多区位发展格局优化与省际经济扩散效应强化/163

　　　　二、区域差异、地理衰减与省际经济扩散效应强化/165

　　　　三、疏通渠道、行政壁垒与省际经济扩散效应强化/167

　第三节　强化中心城市对周边城市经济扩散效应的策略/168

　　　　一、城市群空间布局规划与城际经济扩散效应强化/168

　　　　二、要素共享、产业配置与城际经济扩散效应强化/170

　　　　三、新增长极、区域异质与城际经济扩散效应强化/171

　第四节　强化城市地区对农村地区经济扩散效应的策略/172

　　　　一、乡村振兴战略深入推进与城乡经济扩散效应强化/172

　　　　二、双重主体、城乡互动与城乡经济扩散效应强化/173

　　　　三、产业互通、制度协同与城乡经济扩散效应强化/174

　第五节　本章小结/175

第八章　区际扩散效应与区域共同富裕：城乡视角　177

　第一节　引言/179

　第二节　中国特色社会主义视域下城乡共同富裕的理论意蕴/181

　第三节　区际扩散效应推动城乡共同富裕的理论路径/183

　　　　一、区际要素扩散效应推动城乡共同富裕的理论路径/183

二、区际产业扩散效应推动城乡共同富裕的理论路径/186
三、区际发展扩散效应推动城乡共同富裕的理论路径/187

第四节　城乡共同富裕进程中扩散效应的驱动机制与
　　　　影响因素/190
一、城乡共同富裕进程中扩散效应的驱动机制/190
二、城乡共同富裕进程中扩散效应的影响因素/192

第五节　区际扩散效应推动城乡共同富裕的对策建议/193
一、共同富裕视角下城市地区"扩散源"效应的强化/193
二、共同富裕视角下农村地区"承接体"效应的提升/194
三、共同富裕视角下城乡产业链条衔接与空间融合/195
四、共同富裕视角下城乡制度安排协同供给和优化/195

第六节　本章小结/196

第九章　研究结论与研究展望　199

第一节　研究结论/201
第二节　研究展望/204

参考文献/206

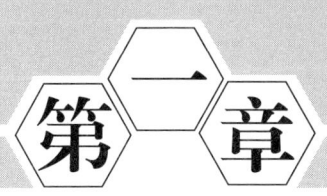

绪 论

"要形成几个能够带动全国高质量发展的新动力源,特别是京津冀、长三角、珠三角三大地区,以及一些重要城市群。不平衡是普遍的,要在发展中促进相对平衡。这是区域协调发展的辩证法。"

——习近平《推动形成优势互补高质量发展的区域经济布局》(2019)

本章在深入剖析省际、城际和城乡三重现实维度下我国区域发展二元结构的背景下，阐析了研究区际经济扩散效应的理论与现实意义，进而梳理了本书的研究思路与结构，系统解析了开展本书研究所采用的主要方法，并说明了可能存在的创新点。

第一节
研究背景和研究意义

一、研究背景

2019年，习近平总书记在《推动形成优势互补高质量发展的区域经济布局》一文中指出，"经济和人口向大城市及城市群集聚的趋势比较明显。北京、上海、广州、深圳等特大城市发展优势不断增强，杭州、南京、武汉、郑州、成都、西安等大城市发展势头较好，形成推动高质量发展的区域增长极"。改革开放以来，增长极理论在我国得到了实际应用。增长极战略的运用意在通过极化效应使先发地区成为增长极，然后发挥其扩散效应，通过要素流动、产业转移、技术扩散及制度模仿带动其与欠发达地区的协同发展。非均衡发展战略的推动与实施使我国区域经济实现了快速发展。1978年，我国国内生产总值（GDP）为3678.7亿元，至2022年我国GDP突破120万亿元，达到1210207亿元，经济总量增幅为32797.68%。城镇居民家庭人均可支配收入也由1978年的343元上升到2022年的49283元，增长幅度达到14268.22%。农村居民家庭人均纯收入也由1978年的134元上升到2022年的20133元，增长幅度达到14924.63%。与此同时，我国区域经济发展中的"三驾马车"也在这段时间内"飞速前行"，社会消费品零售总额由1978年的1558.6亿元增加到2022年的439733亿元，增幅达到了28113.33%；全社会固定资产投资额由1980年的910.9亿元上升到2022年的579556亿元，增幅达到了63524.55%；进出口总额由1978年的

355亿元上升到2022年的420678亿元，增幅达到了118400.85%。①

目前，我国区域经济发展的极化效应非常突出，如省际层面东部省份的领先发展、城际层面北上广深等大型城市的集聚发展、城乡层面城市的快速发展等，但扩散效应则明显不足，这也是造成我国区域发展不平衡和一些区域发展不充分的重要原因。就省际维度而言，我国先发省域与后发省域之间的经济差距在不断扩大。1985年，在我国国内生产总值的区域构成当中，东部地区占全国的比重达到了41%，而中西部地区这一比重为59%；到2021年，东部地区国内生产总值占全国的比重达到了51%，而中西部地区这一比重仅为43%。② 就城际维度而言，我国先发城市与后发城市之间的经济差距在不断扩大。我国36个主要城市③地区生产总值的标准差由2002年的1194.49上升至2020年的9366.94，增幅达到684.18%。④ 就城乡维度而言，我国城市地区与农村地区之间的经济差距在不断扩大。1978年我国城镇居民人均可支配收入为343元，农村居民人均可支配收入为134元；2022年我国城镇居民人均可支配收入为49283元，农村居民人均可支配收入为20133元。40余年来，城镇居民人均可支配收入一直保持在农村居民可支配收入的2.5倍以上，未表现出收敛趋势。⑤

党的十九大报告《决胜全面建成小康社会 夺取新时代中国特色社会主义伟大胜利》中提出，要"创新引领率先实现东部地区优化发展，建立更加有效的区域协调发展新机制"，"以城市群为主体构建大中小城市和小城镇协调发展的城镇格局"。习近平总书记在中国共产党第二十次全国代表大会上作的报告《高举中国特色社会主义伟大旗帜 为全面建设社会主义现代

---

① 1978年GDP、城镇居民家庭人均可支配收入、农村居民家庭人均纯收入、社会消费品零售总额、进出口总额的指标数据以及1980年全社会固定资产投资额的指标数据来源于国家统计局国家数据库(https：//data.stats.gov.cn)；而2022年的相应数据来源于《中华人民共和国2022年国民经济和社会发展统计公报》，增幅值由笔者自行计算(未考虑通货膨胀水平)。

② 根据1985年31个省域数据，结合我国东、中、西部地区的划分，计算得到。资料来源于国家统计局国家数据库(https：//data.stats.gov.cn)。

③ 国家统计局统计的全国36个主要城市包含4个直辖市、22个省会城市、5个自治区首府城市以及5个计划单列市。

④ 资料来源于国家统计局国家数据库(https：//data.stats.gov.cn)中的主要城市年度数据。

⑤ 1978年城镇居民家庭人均可支配收入、农村居民家庭人均纯收入的指标数据来源于国家统计局国家数据库(https：//data.stats.gov.cn)；而2022年的相应数据来源于《中华人民共和国2022年国民经济和社会发展统计公报》。

化国家而团结奋斗》中提出，要"构建优势互补、高质量发展的区域经济布局"。在省际层面，要"推动东北全面振兴取得新突破，促进中部地区加快崛起，鼓励东部地区加快推进现代化"；在城际层面，要"以城市群、都市圈为依托构建大中小城市协调发展格局"；在城乡层面，要"坚持城乡融合发展，畅通城乡要素流动"。《中华人民共和国国民经济和社会发展第十四个五年规划和2035年远景目标纲要》进一步指出，"提高中心城市综合承载能力和资源优化配置能力，强化对区域发展的辐射带动作用"，并强调"以中心城市和城市群等经济发展优势区域为重点"，"带动全国经济效率整体提升"。在此背景下，强化先发省份、中心城市与城市地区等先发地区对后发省份、周边城市与农村地区等欠发达地区的经济扩散效应，对于建立更加有效的区域协调发展新机制、促进我国区域经济高质量协同发展具有重要的政策意义。

二、研究意义

本书研究具有重要的理论和现实意义。

(一)理论意义

其一，从扩散效应的视角研究了非均衡区域的区际经济关系优化问题，丰富了区域经济学、城市经济学和发展经济学的理论研究。极化效应和扩散效应是增长极理论的两个重要方面，也是区域非均衡发展战略实施的两个必然阶段。目前，通过"先富"带动"后富"实现区域经济发展的"共同富裕"成为我国构建区域经济协调发展新机制的重要理论导向。在此背景下，探究发达地区对欠发达地区的经济扩散效应以优化区际经济关系具有重要的理论意义。

其二，依据扩散主体的不同，采用规范化的方法对扩散效应及其作用效果进行科学度量和评价，为增长极理论的相关实证研究提供数据基础和方法参考。发达地区对欠发达地区的经济带动作用在不同维度具有异质性的表现。依据扩散主体的差异，从宏观、中观、微观三个维度分析发达地区对欠发达地区的经济扩散效应，使理论研究得以具象化和逻辑化，同时也为系统梳理发达地区与欠发达地区之间的非均衡关系提供了理论思路。

(二)现实意义

2019年，习近平总书记在《推动形成优势互补高质量发展的区域经济

布局》一文中指出，在区域经济发展中，"不平衡是普遍的"。新形势下促进区域协调发展的思路是"要在发展中促进相对平衡"，并认为这是"区域协调发展的辩证法"。这为中国式现代化区域协调发展道路的构建和梳理提出了基本逻辑：一方面，中国式现代化是全体人民共同富裕的现代化，因此要通过"先富带动后富"实现"促进相对平衡"；另一方面，中国式现代化是人口规模巨大的现代化，大国区域发展的多元结构使当前阶段的区域发展不平衡具有"普遍性"。故此，未来推动中国式现代化区域协调发展的核心路径是：在不平衡的区域经济格局中，通过先发地区对后发地区的经济扩散效应，形成"先富带动后富"的内生动力机制，促进区域协调发展，进而构建区域经济发展的国内大循环模式，同时带动国内国际双循环的相互促进作用。

本书旨在解析发达地区对欠发达地区经济扩散效应的形成机制和现实情况，进而提出发达地区对欠发达地区经济扩散效应的强化策略，将为贯彻落实党的二十大报告提出的"深入实施区域协调发展战略"和"加快构建新发展格局"，解决我国区域"发展不平衡不充分问题"，推进我国区域经济协调发展和现代区域发展关系的重构，提供重要的理论依据和决策参考。习近平总书记指出，要"形成几个能够带动全国高质量发展的新动力源，特别是京津冀、长三角、珠三角三大地区，以及一些重要城市群"。本书旨在贯彻这一逻辑思路，推动形成省际、城际和城乡三个层面的区域经济增长极，进而强化扩散效应带动区域经济的协同发展。

第二节 研究的思路与结构

本书运用区域经济学、城市经济学、新制度经济学等理论方法，从理论分析、计量评价和对策建议三个方面，深入研究发达地区对欠发达地区经济扩散效应的理论逻辑和现实情况。具体研究的主要目标包括：一是梳理发达地区对欠发达地区经济扩散效应的理论内涵、现实维度与形成机

第一章 绪论

制；二是计量评价先发省份对后发省份的经济扩散效应；三是计量评价中心城市对周边城市的经济扩散效应；四是计量评价城市地区对农村地区的经济扩散效应；五是提出发达地区对欠发达地区经济扩散效应的强化策略（见图1-1）。同时，本书进一步探索了扩散效应在推动我国区际共同富裕进程中所发挥的作用。

第一章是绪论部分，主要内容包括研究的背景和意义、研究的思路和结构以及研究方法和可能的创新点。

第二章是文献综述与研究回顾部分，主要针对三方面内容进行文献梳理和综述分析：一是关于区际经济扩散效应机理与量化评价的相关研究；二是关于区际经济扩散效应传导模式与影响因素的相关研究；三是经济扩散效应作用下三重维度区际经济关系的相关研究。在综述分析国内外既有研究的基础上，阐述相关研究论点的理论基础，为后文研究展开提供思路导向。

第三章是理论分析部分，阐析发达地区对欠发达地区经济扩散效应的形成机制，并从省际、城际、城乡三个层面剖析发达地区对欠发达地区经济扩散效应的现实维度，进而从阶段特征、形成路径、形成动力三个方面分别分析先发省份对后发省份经济扩散效应的形成机制、中心城市对周边城市经济扩散效应的形成机制、城市地区对农村地区经济扩散效应的形成机制。

第四章是先发省份对后发省份经济扩散效应的计量评价，分别遴选出全国层面与地区层面的先发省份，基于2000~2019年的省级面板数据，运用引入空间地理权重矩阵的非线性最小二乘法（NLS），计量估计全国层面与地区层面先发省份对后发省份经济扩散效应的整体系数与个体系数，并分别基于先发省份内部样本与后发省份内部样本进行区域异质性分析。之后，对先发省份的经济扩散效应进行递进式地理距离阈值设定的距离衰减效应检验，并分别基于1350千米阈值和750~1200千米阈值进行经济扩散效应的比较分析。

第五章是中心城市对周边城市经济扩散效应的计量评价，利用2002~2018年中国八大重点城市群的样本数据，构建引入空间距离指数的经济扩散效应评价模型，进而利用非线性最小二乘法（NLS）进行量化分析，估计中心城市经济扩散效应的整体系数和个体系数，并结合调整系数进行特征与比较分析。之后，通过设置距离阈值，检验中心城市经济扩散效应强度的距离衰减效应，并分别进行200千米和300千米的断点回归，以考察中心城市经济扩散效应强度的最优阈值。

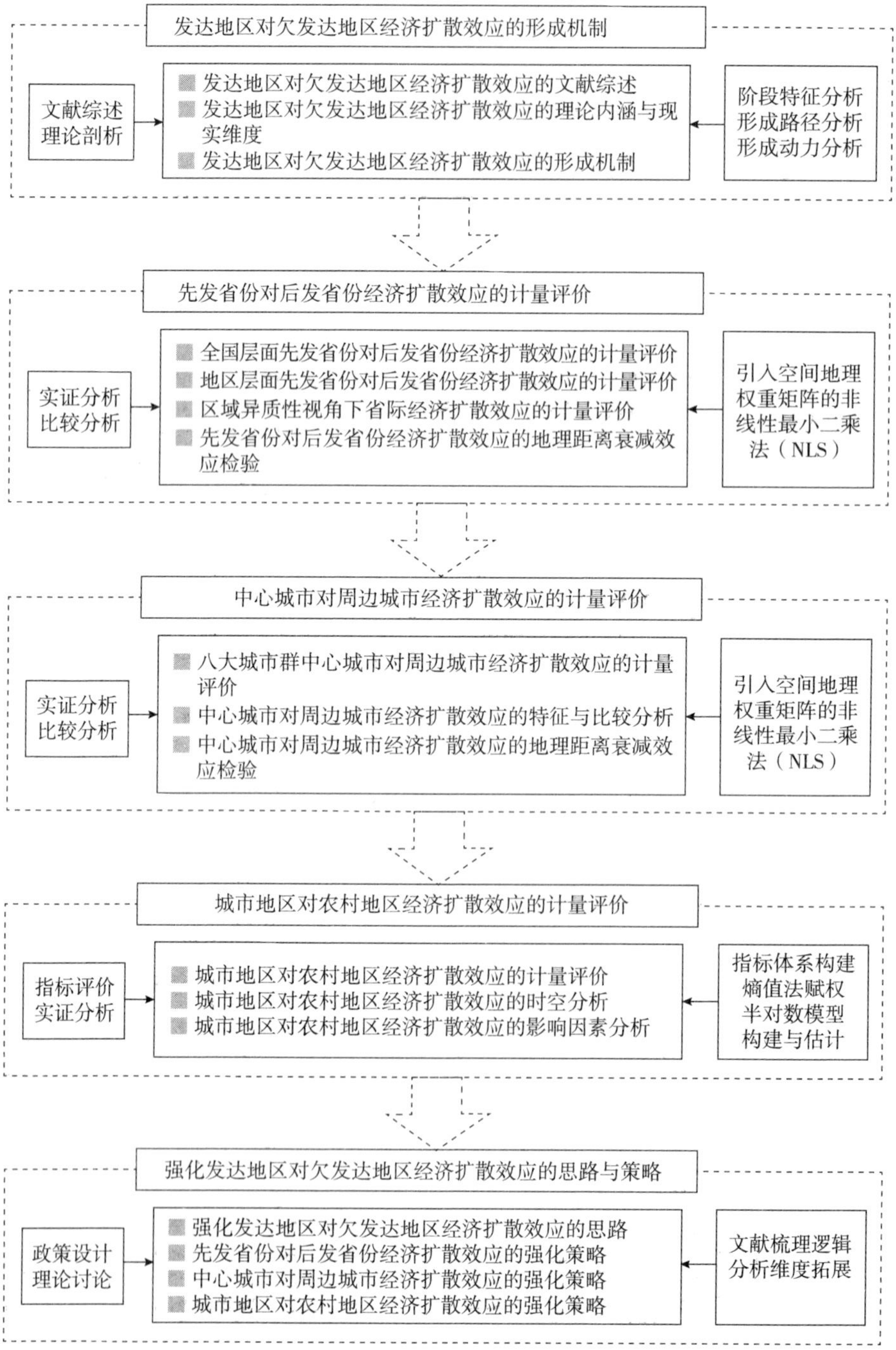

图 1-1　本书研究技术路线

第一章 绪论

第六章是城市地区对农村地区经济扩散效应的计量评价，从宏观发展、中观产业和微观要素三个维度构建指标体系，利用熵值法测度了我国30个省份1997~2017年城市地区对农村地区的经济扩散效应，进而从城市经济扩散能力、农村扩散承接能力、城乡空间联系程度、城乡发展政府干预四个方面着手，构建半对数模型实证检验城市地区对农村地区经济扩散效应的影响因素。

第七章是强化发达地区对欠发达地区经济扩散效应的思路与策略，从扩散效应强化的前提、条件、基础、核心四个方面，梳理促进发达地区与欠发达地区经济协同发展的思路，进而从省际、城际、城乡三重现实维度提出发达地区对欠发达地区经济扩散效应的强化策略。

第八章是基于城乡视角探究区际扩散效应作用下的区域共同富裕问题。在系统阐析中国特色社会主义视域下城乡共同富裕理论内涵的基础上，剖析区际扩散效应推动城乡共同富裕的理论路径，阐析城乡共同富裕进程中扩散效应的驱动机制与影响因素，进而提出区际扩散效应推动城乡共同富裕的对策建议。

第九章是研究结论与研究展望。

第三节 研究方法和创新点

一、研究方法

在研究方法的选择上，本书主要围绕"机制分析—计量评价—对策提出"的路径开展。本书主要研究方法的运用体现在理论分析方法（文献综述、机制分析与对策提出）与实证分析方法两个方面，具体包括：

（一）理论分析方法

在对既有研究进行综述分析的基础上，阐析了发达地区对欠发达地区经济扩散效应的理论内涵，并从省际、城际、城乡三个层面剖析了发达地区对欠发达地区经济扩散效应的现实维度。进而从阶段特征、形成路径、形成动力三个方面分别分析了先发省份对后发省份经济扩散效应的形成机制、中心城市对周边城市经济扩散效应的形成机制、城市地区对农村地区经济扩散效应的形成机制。

同时,结合形成机制分析与计量评价研究的结论,从扩散效应强化的前提、条件、基础、核心四个方面,梳理促进发达地区与欠发达地区经济协同发展的思路,进而从省际、城际、城乡三重现实维度提出发达地区对欠发达地区经济扩散效应的强化策略以促进区域协同发展。

(二)实证分析方法

(1)先发省份对后发省份经济扩散效应的计量评价。基于2000~2019年的省级面板数据,运用引入空间地理权重矩阵的非线性最小二乘法(NLS),计量估计了全国层面与地区层面先发省份对后发省份经济扩散效应的整体系数与个体系数,并分别基于先发省份内部样本与后发省份内部样本进行了区域异质性分析。之后,对先发省份的经济扩散效应进行递进式地理距离阈值设定的距离衰减效应检验,并分别基于1350千米阈值和750~1200千米阈值进行经济扩散效应的比较分析。

(2)中心城市对周边城市经济扩散效应的计量评价。利用2002~2018年中国八大重点城市群的样本数据,构建引入空间距离指数的经济扩散效应评价模型,进而利用非线性最小二乘法(NLS)进行量化分析,估计中心城市经济扩散效应的整体系数和个体系数,并结合调整系数进行特征与比较分析。之后,通过设置距离阈值,检验了中心城市经济扩散效应强度的距离衰减效应,并分别进行200千米和300千米的断点回归,以考察中心城市经济扩散效应强度的最优阈值。

(3)城市地区对农村地区经济扩散效应的计量评价。从宏观发展、中观产业和微观要素三个维度构建指标体系,利用熵值法测度了我国30个省份1997~2017年城市地区对农村地区的经济扩散效应,进而从城市经济扩散能力、农村扩散承接能力、城乡空间联系程度、城乡发展政府干预四个方面着手,构建半对数模型实证检验城市地区对农村地区经济扩散效应的影响因素。

二、研究创新点

(一)研究视角的新颖性和多维性

目前,我国区域经济发展的极化效应非常突出,扩散效应则明显不足。基于增长极理论及扩散效应的研究，既为解决我国区域发展不平衡和一些区域发展不充分的问题提供了新视野，又为我国区域协同发展的推进及区域协调发展新机制的建立提供了新思路。同时，从省际、城际、城乡三个层面剖析了发达地区对欠发达地区经济扩散效应的现实维度，并从阶段特征、形成路径、形成动力三个方面分别分析了先发省份对后发省份经济扩散效应的形成机制、中心城市对周边城市经济扩散效应的形成机制、城市地区对农村地区经济扩散效应的形成机制。

（二）计量评价的系统性和全面性

省际层面，基于2000~2019年的省级面板数据，运用引入空间地理权重矩阵的非线性最小二乘法（NLS），计量估计了先发省份对后发省份经济扩散效应强度。城际层面，利用2002~2018年中国八大重点城市群的样本数据，构建引入空间距离指数的经济扩散效应评价模型，利用非线性最小二乘法（NLS）进行量化评价中心城市对周边城市经济扩散效应强度。城乡层面，基于微观要素、中观产业和宏观发展三重理论路径选取相关指标，构建评价体系，并运用熵值法进行赋权，进而对我国30个省份城市地区对农村地区经济扩散效应进行评价。

（三）对策建议设计的现实参照原则

对策建议既是对研究结论的延伸和拓展，也是对研究问题的实践性回答，因此在对策建议设计的过程中应当遵循现实参照原则。现实参照原则使学术研究结果与现实问题解决得到了很好的衔接。为此，本书在对策建议设计上，不仅针对发达地区对欠发达地区经济扩散效应的强化策略设计详尽的逻辑思路，还结合我国省际、城际和城乡三重维度的现实状况探讨了我国现有区域非均衡发展中存在的不足和可以优化的空间。

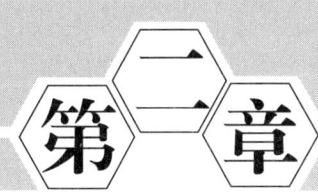

第二章

文献综述与研究回顾

"我之所以看得远,是因为我站在巨人的肩膀上。"
"If I have seen a little further it is by standing on the shoulders of giants."
——牛顿(Isaac Newton)

本章主要针对两方面内容进行文献梳理和综述分析：一是发达地区对欠发达地区经济扩散效应的作用机理、计量评价和影响因素；二是扩散效应作用下的省际层面区际经济关系、城际层面区际经济关系、城乡层面区际经济关系。在综述分析国内外既有研究的基础上，阐述相关研究论点的理论基础，为后文研究展开提供思路导向。

第一节
关于区际经济扩散效应作用机理与量化评价的相关研究

一、区际经济扩散效应的理论缘起

关于区际经济扩散效应，国外学者的研究起步相对较早，法国经济学家佩鲁（Perroux，1950）首创的增长极理论是扩散效应研究的理论缘起。该理论认为，并非所有地区经济会同时增长，重要的经济增长是从推进型产业的技术创新开始，并通过上下游经济链推动产业综合体的增长，进而使综合体所在的中心城市成为地区经济的增长极。如果中心城市的增长导致外围地区原材料和农产品生产的增长，则增长极会对外围地区的增长产生扩散效应（Boudeville，1966）。稍后，缪尔达尔（Myrdal，1957）和赫希曼（Hirschman，1958）创建了非均衡增长理论。缪尔达尔（Myrdal，1957）认为，发达地区主要是由历史的偶然性所导致的，之后落后地区的一些稀缺资源被发达地区所吸收，进而严重加剧了各个地区之间的不平衡发展，使发达地区日益发达，落后地区日益落后，贫富差距也随之扩大。赫希曼（Hirschman，1958）则认为，经济发展并不是同时发生的，而是首先出现在增长极，进而形成发达地区和落后地区，他利用与"扩散—回流"同义的"涓滴—极化"来描述区际经济的不均衡性增长。同时，赫希曼认为在一个国家的经济发展的初期阶段，极化效应会远远大于涓滴效应，地区之间的经济差距会被持续拉大；但随着经济的不断发展，涓滴效应会逐步代替极

化效应，地区间的差异不断缩小。弗里德曼(Friedman，1966)则提出了中心—外围理论，他认为欠发达地区需要依靠发达地区不断供给人才、资金、技术等发展要素，政策不平衡和社会资源配置不平衡直接导致了发达地区与欠发达地区的空间二元结构。然而随着经济的发展、市场规模的扩大以及公共交通基础设施的改善，中心与外围之间的界限会逐步模糊，进而缩减欠发达地区与发达地区之间的经济差距。

事实上，增长极理论的形成是有一定的时代背景和区位背景的，该理论是主要针对经济发展步入成长阶段或成熟阶段的区域而言的。因此，应用增长极理论来指导区域经济发展有一定前提和适用范围。一般而言，增长极理论适合于如下情况的区域，即区域产业之间基本上形成投入产出链，区域各种基础设施已基本具备，城镇体系也已基本形成或正在形成。

二、关于区际经济扩散效应作用机理的相关研究

目前，学术界尚未有关于扩散效应作用机理的系统研究，与之相关的研究主要集中在两个方面：一是扩散效应的作用机理，重点关注发达地区对欠发达地区经济扩散的宏观机制、中观机制和微观机制；二是扩散效应的传导模式，重点关注发达地区对欠发达地区经济扩散的层级路径、空间效应等模式。

(一)微观机制视角下区际经济扩散效应作用机理的相关研究

发达地区对欠发达地区经济扩散效应的微观作用机制主要表现为通过要素流动、技术扩散与政策扩散等机制实现的跨区域优化再配置。

(1)基于要素流动视角的经济扩散效应作用机理研究。生产要素的积累、流动、配置在促进经济增长和区域经济协调发展中起着重要的作用(Hsieh and Klenow，2009；Huang and Chand，2015；Wang，2016；张伟、王韶华，2016；刘贯春等，2017)。在要素流动视角下，经济扩散效应的作用机理表现为发达地区生产要素(劳动力、土地、资本等)向欠发达地区的流动，并实现两类地区间要素的结构性优化配置，并强化了欠发达地区的要素积累。而要素相对价格的均等化是要素流动机制得以实现的关键(陈勇兵等，2013)，要素边际产出是要素相对价格的作用机制，如果将生产要素从边际产出低的部门转移到边际产出高的部门，将提高要素资源的

配置效率，进而促进经济均衡发展（Hsieh and Klenow，2009）。另外，要素名义价格也具备扩散效应，Huang 和 Chand（2015）认为中国各省份之间存在工资的溢出效应，即高工资省份对邻近省份产生了积极的扩散效应，而且人力资本和人均 GDP 对加剧各省份的工资扩散起着重要的作用。基于劳动力流动视角，钟水映和李魁（2010）认为人口红利的增加对中国东、中、西部地区省域经济的增长起着促进作用，且人口红利所带来的经济效应存在着空间外溢，东部地区人口红利的空间外溢（扩散效应）最为显著，中西部地区的空间外溢不显著。基于资本流动视角，郭金龙和王宏伟（2003）认为地区间的资本流动方向和规模是由各地区资本利润率的差异决定的，在投资边际效率的作用下区域间资本流动与区域经济差距呈现互为因果的关系。

（2）基于技术扩散视角的经济扩散效应作用机理研究。技术扩散是指技术在空间上的一种传播，不同区域之间的技术差距是技术得以扩散的基本前提，而扩散的关键原因是发达地区技术溢出和落后地区技术需求双方共同作用导致的（张建清、孙元元，2012）。基于内生增长理论，技术进步是经济增长的重要原动力，而实现技术进步主要有两种方法：一是自主创新，主要途径是加大 R&D 和人力资本的投资；二是技术扩散（Bai and Kung，2015；邹樵等，2011；Tientao et al.，2016；林建浩、赵子乐，2017；潘文卿等，2017），主要途径是对外贸易投资及区际技术转移。技术创新的过程和资源也存在集聚效应，往往存在特定地区，然而市场机制下形成的集聚效应必然伴随着扩散效应的存在（Scott，1988）。技术扩散主要表现在三个方面：一是先进技术扩散，即核心技术及相关配套转移至技术承接地；二是适宜性技术扩散，即被转移的技术能适应接受地的环境条件；三是传统技术扩散，即对技术接受地进行的知识补充和普及（熊义杰，2011）。后发优势理论认为，技术前沿的发达地区只能通过技术的自主创新来实现技术进步，同时要承担巨大的风险与成本，而技术落后的欠发达地区则可以通过模仿和引进技术前沿的发达地区的技术来实现技术进步（林毅夫、张鹏飞，2005），这形成了发达地区向欠发达地区经济扩散的技术扩散机制。在区际层面，技术进步方向呈现出从发达经济体向欠发达经济体的扩散效应，既存在着资本增强型技术对各城市的扩散效应，也存在着劳动增强型技术对各城市的扩散效应（潘文卿等，2017）。在国际层面，中性技术进步呈现

扩散趋势,如从美国、德国、日本、英国、法国向其他9个OECD国家的扩散作用,且技术扩散的主要途径为FDI和对外贸易(Keller,2002)。关于技术扩散对区际关系的影响,国外代表性研究如Yu和Lee(2012)利用传统的技术扩散模型,使用空间动态面板模型考察了美国各州的经济收敛性。在我国,学者们重点关注主要中心城市的技术扩散效应,如学者们认为来自北京、上海的技术扩散对区域经济增长存在促进作用,且北京、上海的技术扩散效果随地理距离的变化而发生改变(许治等,2013)。然而,对于多元格局的发展中国家而言,非正式制度是约束技术扩散的重要因素,如Bai和Kung(2015)指出中国内部的文化差异阻碍了清末民初时期蒸汽机的传播以及17~18世纪玉米作物的传播。当然,非正式制度的约束也在其他因素的调解下不断被削弱,如林建浩和赵子乐(2017)利用方言数据测度了中国代表性城市间的差异,指出文化差异通过阻碍制度传播进而阻碍技术的扩散,然而人力资本水平的上升、外来人口比例的增加、外国直接投资的增加都能够削弱文化差异给技术传播带来的阻碍效应。

(3)基于政策扩散视角的经济扩散效应作用机理研究。政策扩散是指一项政策方案从一个部门或地区传输到另一个部门或地区,并被新政策主体采纳和推行的过程(Lucas,1983)。政策扩散其实是一种制度学习或模仿的过程,一项制度安排通过一段时间和一定的渠道,在社会系统的各个成员之间相互传播的过程(Rogers,2003),进而形成了制度安排的跨地区扩散。朱旭峰和赵慧(2016)以城市低保制度为例,从政府间关系的视角分析了社会政策创新在各级政府之间的扩散机制,发现新的社会政策的扩散主要受到当地社会需求、财政资源约束、上级政府行政命令、上下级财政关系和同级城市竞争压力的影响。由于制度质量更高的地区的要素配置效率更高,这意味着制度应当是经济增长的重要诱致因素(North,1990)。对于欠发达地区而言,政策设计得不合理(抑或制度安排的缺乏效率)是阻碍其经济发展的重要原因。制度安排不仅直接作用于经济增长,而且还通过影响生产要素投入和配置效率,影响要素流动和技术扩散,进而影响经济增长(李富强等,2008)。发达地区向欠发达地区经济扩散的政策扩散机制的关键在于,通过制度扩散带来的制度学习和模仿效应,带动欠发达地区制度质量的提升,进而提高制度效率,并通过直接路径和间接路径促进欠发达地区与发达地区的收敛性共同增长(Shi,2012;Ahmad and Hall,2017)。

这也证实了弗里德曼关于空间相互作用的假设，即经济扩散过程的核心现有制度成功地向外围扩散（Ying，2000）。当然，制度行为本身存在外部性，而且政策制度作为一种正式制度可以通过非正式制度的中介机制影响区际经济关系。罗富政和罗能生（2016）认为，在外部性的作用下地方政府行为影响着非正式制度的变化轨迹，正外部性的地方政府行为削弱非正式制度歧视，进而促进区域经济协调发展；而负外部性的地方政府行为会加剧非正式制度歧视，不利于区域经济协调发展。

(二) 中观机制视角下区际经济扩散效应作用机理的相关研究

发达地区向欠发达地区经济扩散的中观机制主要表现为产业转移视角下发达地区与欠发达地区之间经济结构的匹配性调整。谢呈阳等（2014）认为，产业转移是发生在不同经济发展水平的区域之间的一种重要的经济现象，是指在市场经济条件下，发达地区的部分企业顺应区域比较优势的变化，通过跨区域投资，把部分产业的生产转移到欠发达地区，从而在产业的空间分布上表现出该产业由发达地区向欠发达地区转移性扩散的现象。发达地区不可转移要素价格的上升以及欠发达地区收入水平的提升共同塑造了产业转移的诱因机制（Kirkegaard，2008；樊士德等，2015）。产业转移视角下经济扩散效应的机制路径表现为：其一，要素成本效应。随着地区间要素成本差异的扩大，发达地区的产业向周边欠发达地区转移，呈现典型的"洼地效应"，中西部落后省份的生产要素则向区域经济中心汇聚，形成新的比较优势（Kirkegaard，2008；孙晓华等，2018）。其二，技术溢出效应。产业转移往往伴随着技术溢出的非自愿性扩散发生。发达地区产业向欠发达地区的产业转移，带动技术的跨地区溢出效应，使承接产业转移的同时承接企业技术进步，即产业转移技术溢出推动承接地企业的知识学习和技术进步，进而促进承接地经济发展（Suyanto and Salim，2013）。其三，梯度推移理论。该理论强调发达地区的产业结构调整。发达地区失去比较优势的产业会向欠发达地区转移，这样既能够使发达地区腾出空间发展其他比较优势产业，又能够使欠发达地区通过承接产业转移带动经济快速发展并实现产业升级，从而缩小欠发达地区与先发沿海地区之间的经济差距（刘友金、吕政，2012）。然而，产业转移不仅存在产业结构互动升级、技术溢出、提升资源配置效率与管理水平等正面效应，同时也存在一定的负面效应，如产业空心化、技术依赖、污染转移等。

(三)宏观机制视角下区际经济扩散效应作用机理的相关研究

发达地区向欠发达地区经济扩散的宏观机制主要表现为区域间的发展扩散。赫希曼(1991)认为发展是由于社会经济活动发生地点的非均衡性所引起的连锁反应过程,是一种扩散现象。发展本身是一种地理现象的空间转换过程。发展扩散可以理解为发展现象在区域间的传递与改变,具有空间和时间上的不可逆性(Brown,1990)。发展扩散与扩散效应的微观机制和中观机制是紧密联系的,具体而言,发展扩散是通过要素流动、技术扩散、政策扩散及产业转移等机制得以实现的。其中,产业关联带动是发展扩散的重要渠道:产业关联是指产业间以各种投入品和产出品为连接纽带的经济联系,其具体方式包括产品关联、技术关联、价格关联、劳动关联和投资关联。当发达地区的产业经济处于发展时期,区域内极化效应占主导、扩散效应不明显,造成了周边区域内资本和劳动力不断流入发达地区。当发达地区产业经济发展处于成熟阶段,其生产要素价格上涨,为进一步获得竞争优势,市场主体不断将生产转移到后发地区,使发达地区产业对欠发达地区产业的前向关联效应增强。前向关联效应的增强又进一步带动了资本和劳动力从发达地区向欠发达地区的回流,进而形成了发展扩散(刘昕,2009)。

三、关于区际经济扩散效应量化评价的相关研究

关于发达地区对欠发达地区经济扩散效应的计量评价,学术界所采取的方法主要包括:一是采用较多的空间计量经济方法;二是基于投入产出模型的测度方法;三是基于VAR模型的测度方法。

(一)基于空间计量估计的评价方法

空间计量评价方法是学界在相关研究中采用较多的方法(Ying,2000; Brun et al.,2002; Feser and Isserman,2006)。普通的计量模型一般忽视了不同地域间的空间相关性,基于地理学第一定律,学者们开始采用空间计量经济学的理论、技术与方法对不同地域间的扩散效应问题进行研究。Henry等(1999)运用空间计量经济学的方法,将乡村地区设为本区,都市区和都市边缘区设为空间滞后区,分析了美国和欧洲等地区的城乡作用,并认为中心地区人口与就业增长对非中心地区有明显的扩散与回流效应,

并且扩散效应远远大于回流效应。柯善咨(2009)系统性地综合了经济增长极理论和中心地学说,通过建立空间计量模型研究了我国东部和西部2169座城市之间经济增长的溢出作用,并认为省会和地级中心城市对下级市县的影响表现为显著的回流效应,下级市县对位于市场中心的上级城市有市场区增长的作用,同级市县的经济增长有互相促进的作用。潘文卿(2015)以中国省际市场经济增长的溢出效应作为重点关注的焦点,通过空间数据统计方法与空间计量分析技术,在模型中引入市场潜能(Market Potential)这一指标来衡量经济增长溢出效应的大小,对中国31个省份的空间关联特征与经济增长因素进行分析,指出市场潜能每增长1%,地区人均GDP增长率将会提高0.47%,并且随着地区间距离间隔的增加,空间溢出效应会减少。叶文辉和伍运春(2019)同时运用空间滞后模型(SLM)以及空间误差模型(SEM)得出成渝城市群中城市之间的经济带动作用明显,并且经济带动力度会随着与重庆市和成都市距离的增大而慢慢呈阶梯式递减的结论。吴昊和李美琦(2018)同样也运用空间滞后模型(SLM)以及空间误差模型(SEM)对长三角和京津冀地区的经济增长进行了扩散效应研究,认为长三角的扩散效应力度大于京津冀地区,京津冀地区需要借鉴长三角城市群的经验来带动周边城市社会经济发展。以上空间计量模型是大多数学者对区域经济增长进行分析所采取的研究方法,也有少部分学者会从其他空间计量测度模型进行探讨,如高远东和花拥军(2012)就从空间Mankiw-Romer-Weil模型中得证在中国全域以及东、中、西部地区,人力资本及其空间外溢效应对经济增长的贡献率并不显著的结论。

(二)基于投入产出模型的评价方法

投入产出表,又称部门联系平衡表,是反映一定时期各部门间相互联系和平衡比例关系的一种平衡表。按不同的范围,投入产出表分为全国表、地区表、部门表和联合企业表。学者们利用投入产出模型对区际经济扩散效应进行了量化评价(Sonis and Hewings, 1992;Hasebe and Shrestha, 2006;张亚雄、赵坤,2006)。Miller(1963)最早成功地运用投入产出模型来研究经济扩散效应对于不同地区间经济发展的影响,经过众多学者的完善,这一技术成为分析区域间扩散效应分析的一个强有力的工具。潘文卿和李子奈(2008)利用经济投入产出模型综合分析了中国环渤海、长三角和珠三角这三大增长极对推动中国内陆地区经济增长的溢出效应,并指出相

比于常用的计量模型,投入产出模型能够更好地处理一个地区对多个地区的扩散效应的影响,但是投入产出资料往往不能及时更新,使这一技术不能表现出最新的结果。

(三) 基于 VAR 模型的评价方法

VAR 模型是用模型中所有当期变量对所有变量的若干滞后变量进行回归。VAR 模型用来估计联合内生变量的动态关系,而不带有任何事先约束条件(朱博恩等,2019)。李敬等(2014)认为中国各地区之间的空间关系具有复杂的网络结构性质,当运用传统的空间计量方法来分析经济增长的空间关联问题时,会使地区之间的空间关联局限在"相邻"或"相近"区域,而中国区域发展的战略重点在于沿海与内陆,东、中、西部地区的协调发展上。因此,他们通过建立两区域经济增长变量的 VAR 模型并进行 VAR Granger Causality/Block Exogeneity Wald Tests,确定了中国不同地区之间的 179 个空间关联关系,从而构建了中国区域经济增长的空间关联网络,指出中国区域经济增长在空间上是普遍联系的。国内外还有诸多学者通过 VAR 模型对溢出效应进行了研究。Groenewold 等(2008)较早地通过构建 VAR 模型和脉冲响应函数深入研究了中国 1953~2003 年东、中、西部地区之间经济增长的溢出效应。李成等(2010)通过结合四变量 VAR 模型与四变量 GARCH-BEKK 模型,探讨了中国股市、债券市场、外汇市场和货币市场之间的均值溢出和波动溢出效应的影响。

(四) 其他视角的评价方法

上述的空间计量模型、投入产出模型和 VAR 模型深受众多探讨区域之间经济发展关系的学者所青睐,但是也有少部分学者通过其他方式对区域经济扩散效应进行测量。颜银根和安虎森(2014)利用新经济地理学视角的 K 关联法和 E 关联法的基础模型推断中国东北地区和东部、中部以及西部地区的经济增长表现为复杂的互补性和竞争型的区域关系。潘雄锋等(2019)在颜银根和安虎森的 K 关联法的基础模型上构造了外部技术创新溢出指标模型,对中国区域间技术创新空间溢出效应进行研究,研究结果表明东部省份地区对中部以及西部省份具有明显的技术创新溢出效应。胡宗义和郭晓芳(2019)运用 ESDA 方法验证了 2010~2015 年湖南省县域经济发展的空间溢出情况,发现县域经济发展具有空间相关性,但目前还是以集聚效应为主。张学波等(2016)将修正的 Conley-Ligon 模型与空间马尔可夫链分析法相结合,探讨了京津冀县域经济发展过程中的溢出效应空间格局及其对经济水平空间格局演变的影响,以此推断县域间经济发展水平存在显著的溢出效应且与空间距离呈现梯次性特征的核心—外围结构。王少剑等(2015)同样运用空间马尔可夫链分析法探讨了广东省县域经济发展的空间关联性。

第二节
关于区际经济扩散效应传导模式与影响因素的相关研究

一、关于区际经济扩散效应传导模式的相关研究

中国各个地区之间的空间关系是复杂的、多样的,因此在分析发达地区对欠发达地区经济扩散效应时,不能只局限于相邻或相近地区之间的相互影响,跨地区之间也存在着不同的空间扩散传导模式。

国外学者提出的主要模式包括传染扩散、等级扩散、重新区位扩散、跳跃扩散、接触扩散、迁移扩散、随机扩散等。传染扩散表示发达地区经济向欠发达地区进行渐进式、连续性的扩散的进程,属于市场机制下扩散效应的一般表现(李金昌、程开明,2008)。等级扩散主要体现在城际经济扩散,表现为中心城市经济扩散效应往往跳过近邻或紧邻小城市,在距离较远但等级差别不大的城市首先被接受,然后向次一级城市扩散(刘水、陈暮紫,2021)。重新区位扩散表现为传染扩散中,扩散接受者数量未增加而仅发生原有接受者空间转移(Hagerstrand,1967)。跳跃扩散是指经济扩散不以空间距离为依托,进行空间跳跃或者等级跳跃的扩散模式(陈强、龚玉婷,2020)。接触扩散与跳跃扩散是相对应的,强调区位临近的扩散机制(李飞,2010)。迁移扩散表现为经济要素或经济成分的转移(Morrill,1968)。随机扩散表现为经济扩散传导模式的随机性(Hudson,1969)。曾国军和陆汝瑞(2017)认为,空间扩散传导模式表现为等级扩散与接触扩散

相混合的特征，其传导模式分别经历了等级扩散为主、等级扩散与接触扩散并存、接触扩散为主的三个阶段。陆军（2001）认为，空间扩散的基本模式有均匀扩散（或邻域扩散）和条件扩散（或非邻域扩散）两类，其中均匀扩散是指扩散行为没有特定的空间指向性，随机地向域外进行空间传播；与之相对应的是条件扩散，是指由于在扩散过程中对扩散地有一定的条件要求，使这种扩散模式具有明显的空间指向性特征。

关于经济扩散效应的传导模式，国内学者进行了一定的讨论，但缺乏系统性的经验总结。国内学者普遍认为，空间距离递减是当前我国经济扩散的主要传导模式，如舒元和才国伟（2007）认为，改革开放以来我国存在着从北京、上海、广东向其他省区的技术扩散，而且这种扩散依赖于空间地理位置。当然，也有研究质疑这一模式，如潘文卿等（2017）认为，北京、上海、广东三大扩散源技术进步方向的扩散效应并不随着城市间地理距离的增大而衰减。李敬等（2014）运用网络分析法和 QAP 方法研究中国区域经济增长的空间关联关系的网络特征，并提出了空间关联关系模式，其将中国区域经济分为双向溢出板块（东部发达地区）、经纪人板块（较强经济增长活力的省份）、主受益板块（中西部发展较快地区）、净收益板块（中西部落后地区）四大功能板块，认为双向溢出板块是经济增长的发动机，它将经济增长的动能传递给经纪人板块，经纪人板块再将动能传给其余两个板块。

二、关于区际经济扩散效应影响因素的相关研究

关于扩散效应的影响因素，学者们的研究视角各异，主要包括交通基础设施因素、空间距离因素、经济障碍因素、非正式制度因素等。具体而言：

（一）交通基础设施因素

交通基础设施的改善，一方面降低了运输成本而且随着交通线连结城市数量的增加扩展了区域空间，带动城市之间各种要素资源的互补互动和区域协同发展；另一方面使交通线连结的城市越多，形成的交通网络越密集，将通过交通网络效应实现"以网带面"的发展格局，实现各地区之间优势互补（Brown and Lentnek，1973）。张勋等（2018）通过中介效应模型和行业划分的机制验证了三条路径，指出市场扩张是交通基础设施影响经济增

长的首要因素。在交通基础设施对经济增长溢出效应的影响方面，学者们的观点各有不同。王雨飞和倪鹏飞（2016）认为交通基础设施中存在着促进经济溢出进而产生和实现经济增长的增长效应和改变经济格局的结构效应，虽然交通基础设施对于经济增长的影响主要是正的空间溢出效应，但是也有部分学者指出存在着交通基础设施对经济增长为负的空间溢出效应，张学良（2012）认为虽然交通基础设施的进步对经济增长还是以正的空间溢出效应为主，但是在交通运输和基础设施技术的进步的同时，会加快劳动力人口流向一些经济较为发达的地区，从而严重遏制了一些落后地区的经济发展。张光南和宋冉（2013）则将城市的交通基础设施细分，认为铁路客运的发展能够降低劳动力流动的成本从而使厂商减少中间品和资本的投入，公路客运能够产生规模效应并促进要素的投入，但是铁路客运会导致"相邻经济"地区的本地要素转移的空间溢出竞争效应，公路货运对可变生产要素的影响为负，而铁路货运的影响并不显著。

（二）空间距离因素

一般而言，经济扩散效应会随着空间距离的扩大而不断削弱，且经济集聚的空间扩散性和随地理衰减特征与空间计量分析中的空间溢出效应一致（Autant-Bernard and LeSage，2011）。Keller（2002）考察了1970~1995年主要工业化国家的空间距离对研发溢出效应的影响，指出每10%的距离差异会产生0.15%的生产率差异，随着两国距离的增加，R&D的溢出效应会减少。胡晓辉（2015）指出制度创新的扩散效应存在一定的辐射范围，且随着地区之间距离的变化有一定的规律，不同的制度变量存在着不同的辐射范围，它的辐射范围在375~400千米。孙早等（2014）研究发现，由于市场化程度和地方保护主义能显著影响R&D对全要素生产率的溢出效应，推进市场化改革可以提高R&D对全要素生产率的正向溢出效应，而地方保护主义则显著抑制了R&D的溢出效应。

（三）经济障碍与非正式制度因素

地方保护主义与市场分割是阻碍市场区际资源配置作用的两类重要因素，同时也制约了经济扩散效应机制的发挥。地方保护主义和市场分割使中国区域间知识溢出率较低而技术扩散率不显著，最终减缓了中国的经济增长和趋同的进程。政策制定者应该设法激励各地政府放弃地方保护主

义、移除贸易壁垒,从而加速中国地方经济增长和趋同的进程(张勋、乔坤元,2016)。

非正式制度是人们在长期社会交往过程中逐步形成并得到社会认可的约定俗成、共同恪守的行为准则,包括价值信念、文化传统、意识形态等。非正式制度歧视引致的交易成本差异是影响区域经济协调发展的重要因素。在外部性的作用下地方政府行为影响着非正式制度的变化轨迹,正外部性的地方政府行为削弱非正式制度歧视,促进区域经济协调发展;而负外部性的地方政府行为会加剧非正式制度歧视,不利于区域经济协调发展(罗富政、罗能生,2016)。丁从明等(2018)认为高质量经济发展模式需要构建要素充分自由流动的一体化市场,而文化和方言多样性对市场分割具有潜在影响,方言多样性是阻碍国内市场一体化形成的重要因素。林建浩和赵子乐(2017)以上海和广州作为技术前沿,各个城市与技术前沿的相对方言距离对技术差距有显著影响,表明文化差异阻碍了技术从前沿地区向其他地区扩散,并且制度是这一过程的重要中介变量,即文化差异通过阻碍制度传播进而阻碍了技术扩散。

第三节 经济扩散效应作用下三重维度区际经济关系的相关研究

目前,关于扩散效应对区际经济关系的作用机制,学术界的系统性相关研究相对较少。结合本书研究的主体,依据经济扩散效应"源"主体的不同,可以从以下三条主线对相关研究进行整理。

一、经济扩散效应作用下省际层面区际经济关系研究

在省际层面,学者们主要关注区域经济的空间外溢机制。学者们认为,增长极地区(如广东、上海、北京等省域)通过要素及产业等层面的经济外溢和跨区域流动带动中国内陆地区的经济增长,进而缩小区域间的经

济差距、促进区际经济收敛。学者们普遍认为,改革开放初期国家对沿海的优惠政策塑造了先发地区的经济极化效应,随着先发地区的发展,经济扩散格局不断形成,其主要表现是先发地区对后发地区的经济外溢效应,而外溢效应主要是由投资、进口及消费需求规模的扩大引起的(Bai et al.,2012)。Ying(2000)以探索性空间数据分析方法为基础,从核心—边缘角度证实了我国空间经济外溢视角下的扩散效应。Zhang 和 Felmingham(2002)实证检验了外溢效应的诱因机制,认为出口扩张、外国直接投资、国内投资和劳动力引致了中国东部地区到中西部地区、中部地区到西部地区的空间溢出效应。

关于空间外溢效应的评价,覃成林和杨霞(2017)构建包含空间外溢的区域经济增长收敛模型,运用1999~2013年285个地级及以上市行政区的面板数据,考察先富地区是否带动了其他地区共同富裕,结果发现:先富地区通过经济增长的空间外溢带动了部分邻近的其他地区共同富裕,但带动作用具有明显的局域性和差异性。舒元和才国伟(2007)基于技术扩散视角,运用非线性广义最小二乘法,探讨了省际空间扩散问题,结果证实我国存在着从北京、上海、广东向其他省区的扩散效应,而且这种扩散依赖于空间距离。基于全国地级市数据和 MWMSDM 模型,龚维进和徐春华(2017)发现,当区域之间的地理距离较小时,邻居区域的空间外溢对目标区域经济增长的促进作用以及目标区域将邻居区域空间外溢转化为本区域经济增长源泉的能力,即利用能力大小对目标区域经济增长的促进作用,要大于目标区域本身物质资本投资和技术进步对目标区域经济增长的促进作用,并且这两股作用力的大小会随着地理距离的增大而逐渐逆转。

中国虽然存在行政边界对经济边界的替代现象,但在区位特征和国家区域战略规划的作用下经济区域在国家经济发展中发挥着重要的作用。学者们普遍认为,在省际格局下形成的经济区域存在显著的经济溢出效应(Bai et al.,2012)。Groenewold 等(2008)运用六区域向量自回归模型发现:黄河和长江地区对其他地区具有溢出效应,但前者的溢出效应更为广泛;西南地区对其他地区没有显著的溢出效应;东南地区和东北地区的溢出效应主要表现在内部,对其他地区的影响很小;西北地区则出现大量资源外流的现象。潘文卿(2015)基于1997年和2007年中国8区域的区域间投入产出表,构建一个静态多区域投入产出模型,分析发现:其一,东部

沿海与南部沿海地区对中国其他地区经济增长的带动能力在减弱；其二，以北京、天津及河北、山东为主体的环渤海地区对中国经济的带动作用变得越来越显著；其三，东北、西北、西南这些中国内陆相对欠发达地区越来越受到其他地区经济发展的影响。Sun 等（2015）认为渤海地区存在显著的空间自相关和经济空间溢出效应，且其溢出机制主要表现在距沿海空间距离、外商直接投资、固定资产投资率、社会消费品零售总额等方面。

二、经济扩散效应作用下城际层面区际经济关系研究

在城际层面，学者们的主要视角是城际经济扩散的层级性，即高层级城市经济对低层级城市经济产生扩散和带动作用。在层级结构下，城市之间形成了一种网络，即城市群结构。城市之间的相互作用塑造了城际网络的发展以及城市群的集聚（Glaeser et al.，1992）。一般而言，在城市群中中心城市对周边城市存在显著的经济扩散效应，当然这种扩散效应是以要素、产业以及宏观经济外溢的形式表现出来的。Capello（2000）认为城市网络通过个体间的相互联系对经济活动产生影响，不同经济网络构成的稳定联系对于城市群技术扩散有着显著的促进作用，且通过参与到城市网络中，城市能够获得由互补关系带来的规模效应以及由合作关系带来的协同效应，从而实现共同发展。

新经济地理学并未系统阐释城市层级视野下的城际经济扩散效应。一般而言，不同层级城市之间经济增长的扩散与极化效应是存在异质性差异的。这种差异表现在两个方面：一是中国大城市对小城镇的极化效应相对显著，而大城市对中等城市的扩散效应相对显著；二是省会城市不仅对所在省份的县级城市具有积极的扩散作用，而且对邻近的省会城市也会产生类似的扩散作用（Chen and Partridge，2013）。事实上，城市层级关系亦受到行政隶属关系的影响。基于中国中部地区 922 个城市数据，Ke 和 Feser（2010）分析发现，上级城市对下级县市城市存在显著的扩散效应，县级城市之间也存在着扩散效应，但县级城市对农村却呈现显著的极化效应。基于中原城市群数据，柯善咨和夏金坤（2010）发现，中心城市对各级市县有扩散或带动作用，其中县级市受到扩散效应的作用最大，地级市受到扩散效应的作用居中，未设市的县级单位受到扩散效应作用最小。

那么，城际层面经济扩散效应的层级性路径是怎样的呢？关于这个问

题，学者们的观点呈现一定的差异性。柯善咨(2009)提出了"地级市—县级市和未设市的县镇"扩散模式，指出中心城市对下级市县有着显著的回流效应，而下级市县对中心城市有明显的市场区增长作用，同级市县之间的经济增长具有互相促进的作用。李凯等(2016)指出城市群地区的要素集聚呈现明显的中心指向和交通指向，并提出了"核心都市区中心市—核心都市区外围县—城市群次圈层—城市群外围地区"的空间梯度扩散规律。

三、经济扩散效应作用下城乡层面区际经济关系研究

在城乡层面，学者们较多地关注城市对农村经济扩散效应的路径和机制。一般而言，扩散路径包括市场机制作用发挥下的"自然性带动"路径与政府机制作用发挥下的"强制性带动"路径两方面(丁忠民，2008)。"自然性带动"得以实现必须确保农村经济具备比较优势和充足的公共服务供给；"强制性带动"得以实现必须确保政府部门合理的调控能力以及其对市场失灵的弥补作用。

学者们普遍认为，城市区域对农村区域具备积极的扩散效应，然而农村区域接受扩散效应是具有异质性的，这一异质性体现在城市特征差异，包括扩张的单中心城市、衰落的城市核心、蔓延的低密度城市、大的多中心城市区域、中心城市及其周边地区(Feser and Isserman，2006)。当然，随着城市区域扩散效应的强化，农村区域对城市区域的反馈效应也在不断显现。城市区域对农村区域经济扩散效应的作用机理主要包括产业配置机制(徐敏、姜勇，2015)、要素流动机制(朱炎亮，2016)、制度驱动机制(雷根强、蔡翔，2012)。

关于城市区域对农村区域经济扩散效应的数量评价目前还缺乏系统的研究。部分学者从相关视角切入进行了数量评价，如蔡书凯和倪鹏飞(2017)认为，城市规模扩张对农业现代化既有极化效应又有涓滴效应，不同城市规模的极化效应与涓滴效应的相对大小不同。当城市绝对规模小于74.26万人时，极化效应大于涓滴效应，城市规模扩张产生负向影响；当城市绝对规模位于74.26万~221.32万人时，极化效应和涓滴效应基本相抵；当城市绝对规模大于221.32万人时，涓滴效应大于极化效应，城市规模扩张对农业现代化水平的影响显著为正。程开明(2011)认为，城市发展

呈集中型模式还是呈分散型结构,均影响城市的聚集效应和扩散效应,分散型模式扩大城市规模,中心城市的扩散效应带动人口与产业向外转移,进而缩小城乡收入差距。集中型城市发展模式使中心城市对周边的扩散效应受到限制,在一定程度上不利于提高农民收入水平和缩小城乡收入差距。

第四节
本章小结:文献评述

关于发达地区对欠发达地区的经济扩散效应,学术界进行过一定的探索。增长极理论是扩散效应研究的理论缘起,发达地区的增长导致欠发达地区产出的增长形成了增长极的扩散效应。发达地区对欠发达地区经济扩散效应的作用机理包括宏观(发展扩散)、中观(产业转移)和微观(要素流动、技术扩散、政策扩散)三个层面。扩散效应以微观机制为基础,微观机制塑造了中观机制和宏观机制,而基于中观机制的视角更容易理解宏观机制。发达地区对欠发达地区经济扩散效应的传导模式是多样性的,其中空间距离递减模式是当前我国经济扩散的主要传导模式。发达地区对欠发达地区经济扩散效应的影响因素主要包括交通设施因素、空间距离因素、经济障碍因素及非正式制度因素等。同时,基于省际、城际、城乡视角梳理了发达地区对欠发达地区经济扩散效应的相关研究。

尽管既有研究为本书研究提供了良好的基础和借鉴,但还存在不足之处:①关于发达地区对欠发达地区扩散效应的作用机理,既有文献多是基于空间溢出和区域外部性视角的考察,没有形成较系统的理论体系;②已有研究在一定程度上阐明了区域间扩散效应的存在,但却未就扩散效应作用下区际经济关系的形成机制及其存在的不足进行深入和系统的研究;③在如何强化扩散效应促进区际经济关系优化方面,学者们还未能提供完整的理论和政策思路。

有鉴于此,本书将做三个方面的深化和拓展:

(1)系统整理经济扩散效应的理论体系。结合增长极理论,从阶段特征、形成路径、形成动力三个方面系统阐析发达地区对欠发达地区经济扩散效应的形成机制，并从省际、城际、城乡三重现实维度剖析经济扩散效应内在的理论逻辑。

（2）了解区际经济扩散效应的现实情况。依据扩散主体的不同，采用规范化的方法分别计量评价先发省份对后发省份的经济扩散效应、中心城市对周边城市的经济扩散效应、城市地区对农村地区的经济扩散效应。

（3）提出区际经济扩散效应的强化策略。从强化"扩散源"效应和提升"承接体"效应两方面入手，结合市场与政府机制互动的视角创新体制机制，强化发达地区对欠发达地区经济扩散效应积极作用的发挥。

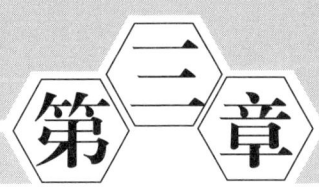

发达地区对欠发达地区经济扩散效应的形成机制

增长并非同时出现在所有的地方，它以不同的强度首先出现在一些增长点或增长极上，然后通过不同的渠道向外扩散，并对整个经济产生不同的终极影响。

——法国经济学家佩鲁(Perroux，1950)"增长极概念"

本章在既有研究的基础上，阐析发达地区对欠发达地区经济扩散效应的理论内涵，并从省际、城际、城乡三个层面剖析发达地区对欠发达地区经济扩散效应的现实维度，进而从阶段特征、形成路径、形成动力三个方面分别分析先发省份对后发省份经济扩散效应的形成机制、中心城市对周边城市经济扩散效应的形成机制、城市地区对农村地区经济扩散效应的形成机制。

第一节
发达地区对欠发达地区经济扩散效应的理论内涵与现实维度

一、发达地区对欠发达地区经济扩散效应的理论内涵

党的二十大报告提出，"增强国内大循环内生动力和可靠性，提升国际循环质量和水平，加快建设现代化经济体系"。马克思认为，资源配置或生产要素在生产之前的这种分配按其性质来说，它是"包含在生产过程本身中并决定生产的结构"的一种经济行为，对整个社会宏观经济的运行与发展关系重大（屈炳祥，1999）。而塑造区际资源有效配置的动力机制，是构建区际经济发展格局的关键。从动力来源来看，大国区域发展的动力机制可以划分为内生动力与外生动力两个方面。内生动力是指区域经济发展过程中区域主体之间通过市场或者政府机制得以形成优化区际资源配置的自发动力。相对于内生动力而言，外生动力则表现为外部市场力量对国内区域经济发展以及区际关系演变所产生的影响。

改革开放以来，我国区域经济获得了快速的发展，非均衡的区域发展格局也逐步形成。在初期阶段，外向型的经济发展政策发挥着重要的作用，外商直接投资对于刺激区域经济增长起到了至关重要的作用。先发地区与后发地区均在积极"招商引资"，通过外生动力机制带动区域经济发展，此时区域经济发展"内生动力不足"的问题异常显著。然而，在经济全

球化的大背景下，外生动力机制弥补了内生动力的不足，完善区际资源配置内生机制并未成为地方政府政策制定的首要目标导向。从 2016 年至今，受欧美政治经济形势变化的影响，世界经济持续低迷，逆全球化思潮不断抬头，不确定性大大增强（郑一明、张超颖，2018）。在此百年未有之大变局的时代背景下，我国的国情国力和所面临的国际政治经济形势与改革开放初期相比已发生较大的变化（史丹，2020），这严重弱化了外生动力机制对我国区域经济发展的边际作用，强化内生动力机制将成为新发展格局下推动未来我国区域发展的主要路径。

我国区域发展的内生动力机制经历了由极化效应向扩散效应转变的过程。极化效应表现为在政策红利和区位优势的作用下，后发地区的生产要素等各类资源不断向先发地区集聚，进而使先发地区极化，成为具备绝对或相对优势且引领区域发展的增长极地区。在极化效应的作用下，区域发展分化态势十分明显，长三角、珠三角等地区已初步走上高质量发展轨道，而一些北方省份增长放缓，全国经济重心进一步南移；经济和人口向大城市及城市群集聚的趋势比较明显；北京、上海、广州、深圳等特大城市发展优势不断增强，杭州、南京、武汉、郑州、成都、西安等大城市发展势头较好，形成推动高质量发展的区域增长极（习近平，2019）。

而在区域经济非均衡发展的后期阶段，随着市场的资源配置基础作用的强化，先发地区的高质量发展要求其对自身的经济结构进行市场化机制的调整。在这一过程中，先发地区会通过要素流动、产业转移、发展扩散、技术扩散和政策扩散等路径，形成对后发地区的经济扩散效应，并带动后发地区的经济发展，进而实现区域相对平衡的协同发展。2019 年，习近平总书记在《推动形成优势互补高质量发展的区域经济布局》一文中指出，在区域经济发展中，"不平衡是普遍的"（习近平，2019）。新形势下促进区域协调发展的思路是"要在发展中促进相对平衡"，并认为这是"区域协调发展的辩证法"。习近平总书记关于"发展中促进区域相对平衡"的论述强调的便是，在极化效应向扩散效应进行阶段性调整的过程中，积极强化"发展"中的扩散效应，推动先发地区对后发地区的辐射带动作用和发展扩散作用，进而实现两者间相对平衡的协同发展。扩散效应的强化是我国区域经济发展内生动力机制完善和作用凸显的关键落脚点。

如前文所述，增长极理论是扩散效应研究的理论缘起，非均衡增长理

论则对其进行进一步发展。在增长极理论和非均衡增长理论的逻辑视野下，先发地区是由历史的偶然性造成的并形成增长极，之后落后地区的稀缺资源被发达地区吸收，进而加剧了地区之间的不平衡发展，使发达地区日益发达，落后地区日益落后，贫富差距扩大，即形成极化效应。随着增长极的进一步发展，先发地区对后发地区形成辐射带动作用，表现为先发地区的经济发展向后发地区扩散。学者们普遍认为，发达地区向落后地区的扩散效应在远期终将大于其极化效应。

在马克思主义政治经济学理论视域下，诸多学者开始关注我国先发地区对后发地区经济发展的扩散效应。龚勤林和陈说（2012）基于空间维度考察了马克思论述的平均利润率理论并探讨了我国区域协调发展进程。一方面，先发地区通过微观要素流动机制、中观产业转移机制、宏观发展扩散机制，带动后发地区的可变资本占比提升及其与先发地区的趋同，促进区域间利润率的均等化。另一方面，先发地区通过技术扩散与政策扩散等机制，降低后发地区的交易成本，缩短后发地区资本周转时间及其与先发地区的趋同，促进区域间的利润率均等化。从利润率在地区间存在一定差异到区际利润率平均化过程，就是资源实现优化配置和生产力得以发展的过程，也是先富带动后富的内在趋势。覃成林和杨霞（2017）运用285个地级及以上市行政区的面板数据，考察先富地区是否带动了其他地区共同富裕。其研究认为，先富地区通过经济增长的空间外溢带动了部分邻近的其他地区共同富裕。因此，需要继续促进先富地区经济发展，同时改善先富地区的空间外溢条件，扩大其带动其他地区共同富裕的空间范围。此外，一些量化研究也说明了扩散效应的存在。柯善咨（2009）发现，省会和地级中心城市对下级市县的影响表现为显著的扩散效应，而下级市县对位于市场中心的上级城市表现为极化效应。潘文卿（2015）则发现东北、西北、西南等内陆相对欠发达的地区受到其他经济发达地区的带动性影响越来越大，而东部沿海和南部沿海地区对中国其他地区的经济带动作用在减弱，以京津冀和山东为主体的环渤海地区在进入21世纪之后对全国经济增长的带动作用逐渐增强。

综上所述，区际经济扩散效应表现为：在非均衡的区域发展格局下，随着发达地区自身要素集聚程度的提升以及经济结构的优化，发达地区通过微观要素扩散（生产要素流动、技术扩散等）、中观产业扩散（产业配置

与产业转移)、宏观发展扩散三维路径,带动欠发达地区的经济发展,实现区域间的协同发展,进而促进区域间共同富裕。区际经济扩散效应具有阶段性:在第一个阶段,基于区位特征,通过政策干预推动发达地区对欠发达地区的极化效应,使发达地区成为增长极;在第二个阶段,发挥发达地区的经济扩散效应,带动发达地区与欠发达地区的共同发展。

二、发达地区对欠发达地区经济扩散效应的现实维度

党的十九大报告对当前我国社会主要矛盾作出与时俱进的新表述,强调"中国特色社会主义进入新时代,我国社会主要矛盾已经转化为人民日益增长的美好生活需要和不平衡不充分的发展之间的矛盾。"改革开放以来,我国区域经济发展的"不充分"与"不平衡"特征日益凸显。在此背景下,应当从何种现实维度梳理区际经济扩散效应,才能系统地具象化剖析发达地区对欠发达地区经济扩散效应的理论机制。结合既有研究,从省际、城际和城乡三重现实维度进行了分析。

(一)发达地区对欠发达地区经济扩散效应的省际维度

新发展格局下推动区域协调发展的一个重要方面是强化先发省份对后发省份的经济扩散效应。在省际维度下,先发省份与后发省份的边界划分可基于行政边界与市场边界两方面进行理解,其中,行政边界突出的是省际行政区划,呈现基于横向政府竞争的省际政府边界;而市场边界凸显的则是基于市场机制的经济区域(如京津冀区域是由北京、天津和河北三个省域行政区划构成),这些构成区域往往具备相似的区位比较优势。就行政边界而言,先发地区主要包括广东、上海、浙江、江苏等东部沿海发达省份。就市场边界而言,先发地区主要包括长三角、珠三角等先发经济区域。在我国,基于市场边界的经济区域往往是由政府规划形成的,而且其构成的基础单元也是特定级别的行政区划。省际维度下的扩散效应,既包括发达省份对欠发达省份的经济扩散效应,也包括先发经济区域(如东部经济带)对后发经济区域(如中部地区和西部地区)的经济扩散效应。

改革开放初期,国家对沿海的优惠政策塑造了先发省份对后发省份的极化效应。然而,随着市场的资源配置基础作用的强化,先发省份的高质量发展要求其对自身的经济结构进行市场化机制的调整,这使其对后发省份的扩散效应格局不断凸显。近年来,在区位特征和国家区域战略规划的

第三章 发达地区对欠发达地区经济扩散效应的形成机制

作用下基于市场边界的经济区域在国家经济发展中发挥着重要的作用,如2010年国务院正式批准实施的《长江三角洲地区区域规划》,2015年国务院批复同意的珠三角国家自主创新示范区,2015年的《京津冀协同发展规划纲要》提出的"京津冀经济圈"等。以省域为基础构成单位的经济区域具有显著的外向型扩散效应,且扩散机制表现在直接和间接两个方面:直接机制是指先发经济区域的资本和知识外溢在没有增加后发经济区域成本的情况下,改善了它们的资本、知识供给条件,并带来其他相关经济增长条件的改善,从而提高了后发经济区域的经济增长能力;间接机制是指空间外溢有可能增加或创造新的市场机会并引导经济活动在空间上集中,靠近先发经济区域增长中心的临近经济区域有可能吸引到更多的经济活动,从而经济活动的规模得以扩大,同时使其自身的经济活动的专业化和多样性不断增强。

(二)发达地区对欠发达地区经济扩散效应的城际维度

在城际维度下,区域协调发展的重点在于形成中心城市与周边城市之间互动发展的内生机制,而扩散效应在其中发挥着关键作用。扩散效应的城际链接是依托于其层级性,即高层级城市经济对低层级城市经济产生的扩散和带动作用。在层级结构中,城市之间形成了一种网络,即城市群结构。在城市群结构中形成了中心城市与周边城市两种典型单元。中心城市是指在一定省份或经济区域内和全国社会经济活动中处于重要地位、具有综合功能或多种主导功能、起着枢纽作用的大城市和特大城市,包括直辖市、省会城市、计划单列市、重要节点城市等。而周边城市是相对于中心城市而言的,指的是处于中心城市辐射范围内的非中心城市。世界城市群的发展历程表明,中心城市与周边地区之间的关系,首先是集聚关系(极化效应),然后是辐射关系(扩散效应)(郭楚,2013)。极化效应体现在初期阶段把资源集聚到中心城市,扩散效应体现在后期阶段的中心城市对周边城市产生辐射效应。中心城市与周边城市形成了互相影响、互相依存的良性互动关系。

近年来,我国城市群发展格局加快形成,长江中游城市群、哈长城市群、成渝城市群、长江三角洲城市群、中原城市群、北部湾城市群等发展规划均已相继落地。在城市群经济模式中,中心城市对周边城市的经济扩散效应是城市群发展战略推动的主要动力,而且这种扩散效应是以要素、产业以及宏观经济外溢的形式呈现出来。新经济地理学并未系统阐释城市

层级视野下的城际经济扩散效应。一般而言，不同层级城市之间经济增长的扩散与极化效应是存在异质性差异的。这种差异表现为两个方面：一是中国大城市对小城镇的极化效应相对显著，而大城市对中等城市的扩散效应相对显著；二是省会城市不仅对所在省份的县级城市具有积极的扩散作用，而且对邻近的省会城市也会产生类似的扩散作用。

（三）发达地区对欠发达地区经济扩散效应的城乡维度

在城乡维度，城市地区与农村地区分别对应着先发地区和后发地区。从党的十一届三中全会关于农业的"农村保障城市供给"的功能定位，到党的十九大提出实施乡村振兴战略推动城乡融合发展，我国城乡经济关系经历了从"农业支持工业，农村服务城市"到"工业反哺农业，城市带动农村"的过程，这一过程体现出了城乡经济发展关系由极化效应阶段向扩散效应阶段的调整。"工业反哺农业，城市带动农村"则是城市对农村经济扩散效应的重要体现，表现为工业、城市发展到一定程度后成为增长极，并运用工业、城市的资源发展农村农业，这是实现城乡共同发展、共同繁荣的重要政策设想。

强化城市地区对农村地区的扩散效应，加快城市对农村的战略性带动，促进农村快速发展，是实现城乡协调发展的根本途径。在扩散效应机制下，城市地区对农村地区发挥着市场带动和政策带动的双重作用。市场带动作用表现为，在市场机制的作用下通过城市地区要素、企业、产业的自身发展以及农业和农村的自身发展，自发地驱动城市地区资源向农村地区流动的过程。政策带动作用对市场机制失灵具有显著的弥补作用，表现为政府主体通过政策决策和资源配置等方式，运用产业政策、财政政策、金融政策等手段，推动城市地区资源向农村地区的"反流"，进而带动农村经济发展。市场带动得以实现必须确保农村地区具备比较优势和充足的公共服务供给，而政策带动得以实现必须确保政府部门合理的调控能力以及其"干预适度性"对市场失灵的弥补作用。

城市地区对农村地区的扩散效应的作用路径主要包括：一是要素流动。在"农村服务城市"的极化效应阶段，要素流动主要表现为农村剩余劳动力向城市地区的转移；而在"城市带动农村"的扩散效应阶段，要素流动主要表现为"资本下乡"机制下的要素再配置。二是产业配置。一方面是"资本下乡"机制下城市地区的企业和产业向农村地区的转移，另一方面是

第三章 发达地区对欠发达地区经济扩散效应的形成机制

城市经济带动下的农村地区自身产业结构的优化。三是制度驱动。制度带动蕴含着正式制度的带动与非正式制度的带动,前者表现为在城市经济带动下农村地区形成的宏观市场机制优化和微观管理机制改善,后者则表现为农村地区民众的经济理念、市场行为以及消费观念等非正式制度向城市地区的趋同。

第二节 先发省份对后发省份经济扩散效应的形成机制

一、先发省份与后发省份经济发展格局的阶段特征

新中国成立以后,我国实施了区域均衡发展战略,这一战略的劣势在于其效率的缺乏。我国从20世纪70年代末开始实施区域经济非均衡发展战略,根据省际经济不平衡发展的规律,有重点、有特点地发展省域经济,而不是"平均主义"的经济发展战略。我国区域经济非均衡发展战略的实施经历了两个阶段:

(一) 极化效应阶段:实施"先富"战略

改革开放初期,我国通过政策上的资源倾斜使沿海发达省份可以充分发挥其区位比较优势,并逐步成为引领我国区域经济发展的增长极。在增长极的形成过程中,后发省份的生产要素等各类资源不断向先发省份集聚,特别是人力资本的集聚为先发省份建立了良好的知识与技能人才储备。除了政府政策引导外,要素价格驱动是我国省际增长极形成的主要动力,表现为较高的劳动力要素价格(工资)与资本要素价格(投资回报率)等。在增长极形成后的初级阶段,先发省份对后发省份的资源"虹吸"效应日益凸显,"先富"的先发省份的极化效应成为我国区域经济发展的主要趋势和特征。而极化效应的强化又进一步使先发省份与后发省份之间的经济发展差距扩大。

随着"先富"战略的进一步实施,在极化效应不断强化的同时,扩散效

应的作用也逐步显现出来，但极化效应依然显著强于扩散效应。特别是进入20世纪90年代以后，国际货物与服务贸易自由化程度不断提升，政策红利使我国先发省份成为国内要素市场接轨国际商品市场的重要"轴承"。要素成本优势在先发省份得到进一步凸显，要素资源的集聚程度也进一步提升。这一阶段扩散效应虽然存在，但以后发省份"招商引资"形式的政策引导机制为主，市场机制下的扩散效应未发挥应有作用。

（二）扩散效应阶段：实施"共富"战略

进入21世纪以后，如何在区域经济发展层面实现"共同富裕"目标成为政府部门实施区域发展战略的重要着力点，而强化先发省份对后发省份的带动作用是通过"先富带动后富"进而"实现共同富裕"的主要路径。在增长极理论视野下，先发省份对后发省份的经济扩散效应是区域发展"先富带动后富"的主要外化形式。

这一阶段扩散效应的启动依然是政府政策引导的结果，经济圈、经济带以及省域间的政治协同等皆需要政府支持运行。此时扩散效应的市场机制作用仍然较弱，先发省份的产业结构正处于高级迭代时期，各种产业类型的升级也还需要吸纳后发省份的优质资源。但随着市场的资源配置基础作用的强化，先发省份自身的高质量发展和结构性调整引致了其对后发省份经济发展的扩散效应，表现为要素扩散、产业扩散、发展扩散等维度，外化为由东部沿海省份有次序地带动中西部地区省份的发展，最终实现全国经济的共同发展。特别是在沿海发达省份普遍推进经济发展转型的大背景下，创新性产业踊跃而出，传统产业面临结构调整，尤其是一些资源密集型和劳动密集型产业基于成本压力开始向后发省份转移，形成经济扩散。

当前，我国区域经济发展也已经由增长极的极化效应阶段进入到了扩散效应阶段。在这一阶段，极化效应的作用依然显著但是作用力度较于前一阶段相对较弱，而扩散效应的作用却显著提升。虽然先发省份对后发省份的扩散效应阶段已经到来，但扩散效应的强度不足和主体异质性差异问题依然严峻。

二、先发省份对后发省份经济扩散效应的形成路径

通过对国内外相关研究进行系统梳理发现，先发省份对后发省份经济扩散效应主要通过微观、中观、宏观三重路径实现。其中，微观路径表现为先

发省份对后发省份的生产要素扩散，中观路径表现为先发省份对后发省份的产业转移扩散，宏观路径表现为先发省份对后发省份的经济发展扩散。微观要素扩散是中观产业扩散得以形成的基础，而宏观发展扩散的外化形式是微观要素扩散与中观产业扩散，三者形成了层层递进、互相蕴含的关系。

（一）先发省份对后发省份经济扩散效应的微观要素路径

生产要素是指进行社会生产经营活动时所需要的各种社会资源，是维系国民经济运行及市场主体生产经营过程中所必须具备的基本因素，包括劳动力、土地、资本、技术等。事实上，古典经济学一般将土地、劳动力与资本视为基本生产要素。在科技革命的冲击下，内生经济理论的提出使以 Arrow（1962）等为代表的学者逐步将技术要素归为了生产要素一类，Romer（1986）基于 Arrow 的思路，提出将知识要素作为相对独立的要素投入到生产过程中。生产要素的积累、流动、配置在促进经济增长和区域经济协调发展中起着重要的作用。在要素流动路径下，先发省份对后发省份的经济扩散效应表现为生产要素的跨省域流动，进而实现先发省份与后发省份间生产要素的结构性优化配置，并强化后发省份的要素积累及其结构优化，如东部沿海省份生产要素向中西部省份的返流现象等。

（1）资本要素扩散路径。资本意指"能为其所有者带来价值增值的价值"（彭文斌，2008），而价值增值主要通过流动和投资来实现，资本又分为货币资本与实物资本两种表现形态。当前，我国资本要素扩散路径的方向主要是先发省份指向后发省份，其可能存在多种扩散渠道，但最基本的渠道是流动和投资。在区域经济的发展过程中，由于后发省份内部储蓄不足以支撑本省份内实体经济的大量资金需求，进而导致整体经济发展实力不强，此时就亟须外部投资带动本地经济的进一步发展。而对于资本供给充足的先发省份，当其产业发展以及资源配置对资本的需求使用效率低下时，为了提高本省份资本的利用率，先发省份的资本就存在着外流的可能性。因此对于后发省份内部储蓄不足的问题有两种解决方式：其一，通过中央财政拨款以及先发省份的财政转移支付的政府机制方式解决储蓄投资问题；其二，利用市场机制，后发省份以便利的发展政策吸引先发省份企业进行直接或者间接的资金投资，以此带动本省份的经济发展。可见在区域经济的发展过程中，资本的流动是无可避免的，在一个健全的开放市场体系内，基于资本逐利以及避险的特征，资本必然会从经济较为发达的先

发省份流向经济相对落后的后发省份。在初期阶段，先发省份的资本边际收益递减，随着资本的向外流动，先发省份资本的利用效率得到提升，后发省份的资本边际收益则呈现先递增后递减的趋势。随着区际资本配置效率的进一步改善，最终先发省份与后发省份的资本边际收益趋同，此时的区域经济也趋向于收敛形态。

（2）劳动力要素扩散路径。就业会带来一系列的扩散效应，前提是需要一个充沛的劳动力市场。劳动力被分为一般劳动力与专业技术人员。其一，一般劳动力是指从事一般劳动的非专业技术人员。一般劳动力在劳动力要素中的占比结构相对较高，我国一般劳动力市场的人力资源优势主要得益于人口红利。在初期阶段，要素成本优势使我国先发省份的一般劳动力集聚程度较高，劳动密集型产业占比也相对较高。这虽然在一定程度上降低了后发省份的一般劳动力供给，但高人口基数使后发省份受此冲击的效应并不显著。当前阶段，先发省份产业结构迭代和产业转移使其劳动密集型产业占比逐步下降，一般劳动力向后发省份的反流现象更为显著，这为后发省份供给了充足劳动力资源。其二，专业技术人员是指专门从事特定专业技术生产，并以其专业技术为生的劳动力人员。专业技术人员在先发省份和后发省份的经济发展各阶段均是稀缺程度较高的生产要素。特别是在初期阶段，先发省份的"虹吸"效应使后发省份专业技术人员的供给极速下降。专业技术人员就业选择的影响因素包括就业岗位及平台、工资收入以及就业环境等多个方面。先发省份依据自身优势能够为专业技术人员匹配更好的岗位平台和收入，使专业技术人员更加青睐于向先发省份集聚，并且集聚速度较快。随着中部崛起、西部开发等区域战略的实施，以及后发省份人才引进计划和生活环境的改善，部分专业技术人员倾向于从先发省份迁往后发省份地区，但是这时的扩散效应很缓慢。先发省份的居住成本压力是导致其专业技术人员外流的主要因素，但人才政策的实施在一定程度上弥补了这一不足。

（3）技术要素扩散路径。技术差距是导致省际经济比较优势动态调整的关键因素，先发省份对后发省份的技术扩散是弥合省际经济差异的重要路径，特别是在市场整合程度进一步提升的大背景下，技术扩散的正向溢出效应更加凸显。后发省份在吸收了先发省份的技术资源后，通过"干中学"模式以及引进—吸收—再创新的技术发展路径，有效发挥技术红利效

应,缩小先发省份与后发省份间的经济发展差距,最终走向经济趋同。技术扩散的实现需要依托载体,学术界通常以物化型技术扩散与非物化型技术扩散来表达技术扩散对生产效率的提升。其中,物化型技术扩散具体包括以下三种形式:其一,依托省际贸易的技术扩散。技术包含在商品中,通过商品的流动促使技术得以扩散,表现为后发省份通过货物贸易购进先发省份商品,品种和质量上的差别使两地的商品具有互补性,而投入—产出效应能够使后发省份迅速提高本地的生产效率。同时,省际贸易也为后发省份带来技术模仿的可能性,技术模仿使后发省份的生产成本大大降低,并且技术创新也蕴含在后发省份的技术模仿过程中。商品贸易不仅包含产品,也包含技术设备的买卖,技术设备的购进是技术转移的直接表现形式。其二,依托省际投资的技术扩散。一方面,先发省份对后发省份进行直接投资,通过内部化转移实现技术上的转移;另一方面,先发省份内对后发省份企业的合作并购也能够实现技术扩散。其三,依托人员流动的技术扩散。专业技术人员的流动是促使技术扩散最直接、最高效的模式。先发省份向后发省份输送技术型人才,使后发省份拥有更加丰富的高技术人力资源储备,为后发省份的技术创新带来可能性,进而实现先发省份与后发省份的经济协调发展。此外,非物化型技术扩散主要体现在科技刊物发行、专利申请、转让与买卖、商业访问与培训、示范效应等方面。

(4)知识要素扩散路径。Romer(1986)认为,研发的成果即知识具有直接效应与间接效应,直接效应体现在知识的存在以及增长会使企业获得直接的利益收入,间接效应体现在知识是累积相加的,存在长期正向增长效应,因此在得不到任何补偿的情形下存在被其他企业占用的可能性,也就是说知识存在扩散效应。同时,Romer(1986)认为,知识具有部分非排他性,部分非排他性的存在使知识的扩散不可避免。先发省份对后发省份的知识要素扩散路径可以通过资本与劳动力的外化形式体现。知识扩散使资本与劳动力等要素投入产生正向的增长效应,体现为收益的长期递增模式。Lucas(1988)认为,知识也是人力资本的一种形式,人力资本具有内部性与外部性,外部性也就是人力资本投资者对他人的扩散效应,外部性(扩散效应)产生于在个人与其他人进行学习交流时,此时较高的人力资本会通过交流向具有较低人力资本的人传递有利的知识,但是拥有较高人力资本的人不会因此获利,也就是说先发省份在与后发省份的经济交流中,

会以此方式向后发省份传递新知识理念，促进后发省份的经济发展。此外，知识要素扩散路径还包括产品流动和知识公开。产品本身也是知识的载体，包含着大量的信息，产品的省际贸易使相同行业的竞争者或者潜在利益驱逐竞争者以"逆向工程"的形式从包装到使用上获取部分有利信息。知识公开主要涉及座谈会、论坛、书籍、论文等形式被所有人获取。

（二）先发省份对后发省份经济扩散效应的中观产业路径

（1）产业链扩散是产业扩散的基础形式。产业链是维系区域经济实现整体发展的纽带，有助于区域形成有效的经济圈。就产业空间布局而言，先发省份与后发省份通常位于产业链的上下游，它们各自通过投入产出相关联的互补产品的方式紧密联系在一起。在区域经济发展的初期阶段，先发省份的经济发展处于显著极化效应阶段，先发省份内部需要大量的初级生产要素供给，以实现产业的整合发展。但是先发省份受自身的资源禀赋限制，必须从后发省份"虹吸"要素资源。后发省份的资源型初级产业通常由于自身的技术以及投资力度不足，致使后发省份对先发省份的产品供给弹性较差，最终导致先发省份经济发展进一步受限。随着先发省份经济发展水平的提升，先发省份会针对初级资源产品供应地（后发省份）的发展问题提供相应的投资以及技术资源带动其发展，使后发省份建立起设备完善的初级产品供应基地，与先发省份形成区域性的互补联动以及分工合作，建立区域性的分工系统。同时，产业链的不断完善形成还会带动先发省份与后发省份的协同发展，外化为增长极带动作用引致整个区域经济的发展。

（2）产业迭代转移是产业扩散的主要形式。产业迭代升级是区域经济结构优化的重要内容。先发省份的产业迭代伴随着先发省份的产业转移与后发省份的产业承接。先发省份的产业整体转移与后发省份的产业整体承接，较产业链扩散具有更为苛刻的条件和系统的复杂性。一方面，先发省份的经济发展在极化效应达到一定程度后，会面临诸如城市交通堵塞、要素价格上涨、环境恶化等成本抬升问题，导致一些产业的边际收益降低。在资本逐利的利益驱动机制下，先发省份中部分面临生产成本压力的产业会向地价低廉、劳动力资源丰富的后发省份进行转移。另一方面，作为经济高速集中发展以及经济创新能力较强的优势地区，先发省份自身的产业结构调整会侵占传统产业以及过时产业的生存发展空间。传统产业为获取发展空间会进行新的区位布局，而后发省份为获取经济发展比

较优势会对传统产业提供便利优惠政策，此时传统产业开始向后发地区整体转移。

(三) 先发省份对后发省份经济扩散效应的宏观发展路径

区域发展规模的扩大会带动扩散效应的产生。从宏观的区域规模发展视角出发，部分区域为了拓展自身的经济发展范围，寻求更进一步的经济壮大，如卫星城市的缘起以及当前"十四五"规划提出的部分省级行政区域"强省会战略"，会将周边地区纳入自身的发展范畴。基于区域经济发展不平衡的原因，先发省份会通过经济技术交流合作的方式，实现先发省份生产要素在后发省份的再配置。高级管理人员以及专业技术人员的流入，使后发省份的人力资源存量和人力资本水平得到不断提升。在此机制下，随着先发省份与后发省份间经济联系的加强，生产要素的再配置使后发省份在经济发展模式、经济发展观念以及经济发展水平等方面实现帕累托改进，进而促使后发省份的宏观经济水平的提升。

事实上，宏观发展不仅界定于区域格局上，还蕴含在要素扩散路径以及产业扩散路径的集合中。在微观和中观的基础上，宏观发展扩散是先发省份与后发省份之间要素流动与产业转移的现实结果，可以从以下两个方面理解宏观经济扩散效应：其一，居民收入视角。随着先发省份与后发省份间生产要素的流动以及产业转移的推进，后发省份的经济水平得以进一步提升，要素资源供给增加，就业机会增多，居民的收入水平也得到了相应增长。在收入均量层面上，表现为先发省份与后发省份间的居民人均收入水平差距在不断缩小。在收入质量层面上，表现为整个国民生活幸福指数的提高。其二，居民消费视角。产业转移带来的不仅是更多的就业机会，还为后发省份带来更加低廉和更多的消费选择性，后发省份不用再通过跨地区购买部分产品，使本地的消费总量得到了提升，而收入水平的增加也为后发省份带来了更高的消费水平，表现为先发省份与后发省份间的消费水平差距在不断减小以及消费结构不断趋同。

三、先发省份对后发省份经济扩散效应的形成动力

先发省份对后发省份的经济扩散效应从微观、中观、宏观三重路径得以实现，那么在这三重路径中扩散效应的形成动力又是什么呢？为此，本书从市场和政府两方面探讨先发省份对后发省份经济扩散效应形成的动力

机制。

(一)先发省份对后发省份经济扩散效应形成的市场动力机制

市场动力机制指利用市场运行规则吸引各资源集中到某一区域,进而促进该区域经济发展的作用机理。先发省份与后发省份的经济发展水平存在一定的差距,这种差距包括市场规模、资金实力、生产成本以及要素报酬等方面。市场动力机制主要通过要素价格机制与市场竞争机制实现先发省份与后发省份间的资源再配置,以求通过先发省份对后发省份的经济带动作用,实现区域经济一体化的发展目标。其中,要素价格机制使要素流向带来更高收益报酬的区域,虽然当前先发省份名义要素价格依然较高,但要素相对价格的调整对资源再配置具有重要影响;市场竞争机制使市场主体间的竞争程度加剧,竞争过程伴随着跨区域的要素资源再配置,同时引致了市场主体的省际转移。

(1)要素价格机制。要素价格是指生产要素的报酬。在经济发展的初期及上升阶段,由于经济集聚所形成的规模经济形成一股向心力,基于资本逐利的性质,各种要素会向报价更高的区域集聚,由此形成了先发省份对生产要素的"虹吸"效应。随着生产要素集聚程度的提升,要素的边际收益会逐渐降低,当要素的边际收益低于边际成本时,要素将不再向先发省份集聚,而是会向后发省份回流,形成生产要素的扩散。此时,先发省份的要素名义价格依然高于后发省份,如高工资、高收益等,但其要素相对价格会逐渐下降,甚至低于后发省份。就劳动力要素价格而言,先发省份不断攀升的居住成本(如高房价、高房租等)使劳动力的要素相对价格不断下降,进而导致劳动力要素流向后发省份。就资本要素价格而言,劳动力居住与生活成本的提升驱动劳动力工资水平的提升,而工资水平上升意味着劳动力成本的增加,与此同时其他要素价格会随着市场资源配置的影响同步提高,这使资本要素的相对价格不断下降。随着要素相对价格的下降,部分企业迫于生产成本压力的增加,不得不向更有利生产并获取收益的地区转移,而具备更加低廉的劳动力、土地租金以及政策优惠等比较优势的后发省份成为企业转移的主要目标。企业从先发省份向后发省份的产业转移过程中,为后发省份带来了更先进的生产技术以及生产理念,为后发省份经济的进一步发展带来了强大的驱动作用。此外,若要素价格机制趋于完善,那么要素的高流动性便会消除空间距离给扩散效应所带来的阻

碍（赵舒柯，2020），有利于区域市场一体化。

（2）市场竞争机制。在开放的市场经济体系下，市场竞争机制包含区域间市场规模空间竞争的扩散以及区域内部产品和生产竞争的扩散。区域经济不平衡发展战略使先发省份通过市场规模扩张竞争挤占了后发省份的市场发展，同时省份间市场空间竞争引导先发省份商品经济流向后发省份，这是形成先发省份对后发省份经济扩散的主要动力机制之一。但是先发省份通过商品流通对后发省份的市场竞争范围是有限的，为了获取更大的利益以及占领更广阔的市场，通过资本竞争实现企业转移成为先发省份对后发省份经济扩散的主要手段。企业转移包含企业的整体迁移以及下游产业链分支的迁移，基于成本压力，部分企业不得不从先发省份市场退出，让出发展空间。企业转移不仅使先发省份拥有更多的空间去研发高新技术、开设创新企业，部分困于转型升级的密集型企业，通过向后发省份投资转移使资本压力也得以缓解，并且拓展了更为广阔的市场空间。企业转移过程包含了企业家精神等新的社会价值观念的传播，为后发省份经济发展提升了创业动机。与此同时，先发省份向后发省份产业转移的过程也使产品份额增加，加剧了产品市场竞争。劳动密集型企业以及资源密集型企业向后发省份转移扩散就是典型的市场空间竞争机制。可见优化市场竞争机制是实现要素合理流动配置的有效途径，能够实现要素的规模经济，提升区域的整体竞争力。

（二）先发省份对后发省份经济扩散效应形成的政府动力机制

市场机制仍旧存在着许多不完善的地方，区域之间的发展由异质状态走向匀质状态，必须要通过市场机制与政府干预共同发力。因此在充分发挥市场动力机制的基础上，恰当发挥政府的作用机制，更有利于后发省份在先发省份的带动下，追赶先发省份的经济发展。政府动力机制指政府作为国家的公共组织，在其执行各种政治职能的过程中，运用各种政治手段促进各省份经济发展的作用机理。而政府动力机制主要依靠政府宏观政策调控，以财政支出、基础设施建设以及政策导向激励等手段促进各省份内部自身的发展。

（1）政府政策导向促进先发省份向后发省份经济扩散。政府作为国家代表集聚众多重要资源，而制定宏观政策是政府的一种特殊"资源"，影响着未来区域经济发展的方向和发展状况。政府对这个区域的宏观政策调控

以及政策导向表明了政府的行动取向,有利于后发省份基于政策导向实现对本区域的经济投资和产业转移。具体表现在中央和地方政府对后发省份大型项目和重点产业的大力扶植,使众多资源被吸引集聚于此,尤其是迫于成本收益压力的一些先发省份产业以及劳动力会优先向有政策扶植的地区转移,以此来带动后发省份相关产业发展。

(2)相关制度安排加速先发省份向后发省份经济扩散。政府的政策激励机制是加速促进先发省份向后发省份经济扩散的重要手段,包括人才引进制度、土地制度、税收减免制度、就业保障制度、社会保障制度以及产权保护制度等有关法律制度。相关政府制度的实施能够推进经济政策的快速自由化,其中产权保护制度是针对从先发省份迁移到后发省份的企业,目的是保障相关转移企业的正当收益权。户籍制度的落定是人才引进制度实施的前提,完善和调整省份间户口迁移政策,打破省份间的户籍迁移壁垒更有利于一般劳动力在省份间实现自由转移满足生产需求以及吸引专业技术人员实现生产技术提高。

第三节
中心城市对周边城市经济扩散效应的形成机制

一、中心城市对周边城市经济扩散效应的阶段特征

城市群是城市发展到成熟阶段的最高空间组织形式,是在地域上集中分布的若干特大城市和大城市集聚而成的庞大的、多核心、多层次城市集团,是大都市区的联合体。城市群经济发展的一个关键特征是核心和层次,核心是城市群经济发展的增长极,而层次则是增长极经济扩散效应的渠道。事实上,增长极理论在我国城际经济发展战略设计和规划中得到应用,其政策意蕴在于将城市群架构中的中心城市培育为区域增长极,从而通过自身的经济扩散效应,实现各种要素与资源的优化配置,进而驱动城市所在区域的

第三章 发达地区对欠发达地区经济扩散效应的形成机制

高质量协同发展。在城市群中,中心城市往往是在一定区域内和全国社会经济活动中处于重要地位、具有综合功能或多种主导功能、起着枢纽作用的大型城市,而承接中心城市经济扩散效应的城市则被称之为周边城市。

在现代城市群结构中,中心城市与周边城市之间的关系是双向、互动的:一方面,周边城市对中心城市具有虹吸效应,表现为周边城市的生产要素向中心城市集聚,称之为中心城市的极化效应;另一方面,中心城市对周边城市具有带动作用,表现为中心城市的特定生产要素与制度向周边城市流动并外化为产业转移,称之为中心城市的扩散效应。

在城市群形成和演化的初级阶段,随着首先成为极点的中心城市对于规模经济的追求,中心城市进一步吸收周边的要素和资源,导致其空间范围的进一步扩张,使中心城市对周边城市的影响主要表现为虹吸效应,其内在理论逻辑是周边城市劳动、资本、技术等生产要素向中心城市集聚的极化效应要显著强于中心城市的扩散效应。而在城市群形成和演化的高级阶段,中心城市经济集聚规模使其生产要素使用成本不断上升,同时在高质量发展的政策引导下,中心城市的内部经济结构开始调整,一些使用成本高或市场需求低的生产要素开始外流至周边城市,随之而来的是产业转移和制度扩散,这使中心城市对周边城市的影响主要表现为带动作用,其内在理论逻辑是中心城市的扩散效应要显著强于中心城市的极化效应。综上可知,中心城市对周边城市的影响是否为虹吸效应或带动作用,关键在于极化效应和扩散效应的强弱,而两者的强弱与城市群发展格局的阶段性特征密切相关。为进一步厘清扩散效应的阶段特征,本书从企业、产业和城市三个维度进行分析。

(1)企业维度。企业是一个由各种生产要素组成的"黑箱",其不同的生产部门和细分市场的地理区位的选择和迁移行为都塑造了生产要素在城际间的集聚和流动过程。在这个过程中,城市间各种要素流动的方向和经济发展的密度与重心也在不断发生变化。同时,随着企业生产模式的完善与生产环节部门的增加,企业内部的资金、人才、管理等的集聚现象逐渐明显,生产环节的分散现象也日益显著,这就使尽管在空间上企业各个部门分离在不同城市,但部门间紧密的信息、人才、资金等联系形成了一个企业的跨地区联系网络,不同的生产要素与资源在这个网络中自由流动,进而促进了初期的中心城市对周边城市的极化效应以及后期的中心城市对

周边城市的扩散效应。

(2)产业维度。生产要素的流动以及城际再配置通常伴随着产业的升级与转移。随着一个新兴产业在城市内形成集聚,其产品专业化程度和生产方式的多样化水平也得到逐步提高,产业内部的社会劳动分工也进一步得到细化,进而逐步推动整个产业链条的升级和技术创新,从而形成新的产业。而新的产业要么进行区位选择形成新的产业增长极,要么占领原有地区挤出传统产业和落后产业,而被挤出的传统产业与落后产业则会在不同层级的城市间进行具有等级特征的再配置转移,进而形成一个新旧产业的联系网络,使不同层级的城市间能够进行产业交流与转移。

(3)城市维度。不同层级的城市在发展水平方面存在差异,这种差异包括市场规模的差异、要素报酬的差异和生产成本的差异等。在趋利机制的作用下,各种生产要素向着有更高要素报酬的城市集聚,进而形成中心城市的极化效应。而随着生产要素的集聚,其边际收益逐渐降低,当边际收益低于边际成本时,生产要素就逐渐流出,并向周边城市地区流动,进而形成中心城市的扩散效应。当扩散效应强于极化效应时,中心城市对周边城市的经济发展带动作用就形成了。需要说明的是,发展带动作用的存在并不意味着极化效应的消失。

二、中心城市对周边城市经济扩散效应的形成路径

一般来说,一个区域内的经济活动的行为主体包括个人、企业和政府,而经济活动主要以各种物质、要素和产业作为媒介向周边扩散。不同区位和规模的城市则是宏观层面的经济节点,在行为主体的决策下,不同的城市之间通过彼此之间的交通设施和通信设施等方式进行物质与要素的交换,从而形成一个经济活跃的城市群。简单来说,城市群中各个城市之间的经济增长关系形成了一个空间经济网络,中心城市与周边城市是这个网络中的"点",各城市之间在经济增长的溢出关系则是这个网络中的"线",这些点和线构成了区域经济增长和经济互动的空间经济网络。在一个城市群中普遍存在着中心节点与非中心节点的差别,也就是本书所述的中心城市与周边城市。中心城市往往在结构上整合了城市群内的多种要素与资源,具有专业化和多元性的城市特征,各个中心城市与周边城市之间都存在直接的经济联系,同时周边城市之间也通过中心城市进行周转产生

经济联系,中心城市则在其中扮演着经济活动枢纽的角色,进而产生一种由中心城市与周边城市组成的中心辐射式的扩散网络。

(一)中心城市对周边城市经济扩散效应的要素扩散路径

中心城市经济扩散效应的微观表现是其生产要素对周边城市的扩散。生产要素的积累、流动、配置是促进城市经济发展的基础,扮演着资源供给的角色。在城际经济发展的虹吸效应阶段,在要素价格机制的作用下,周边城市的生产要素不断向中心城市集聚,进而推动中心城市经济快速发展。然而,特定时间阶段生产要素的总量是既定的,中心城市的要素配置充裕意味着周边城市要素充裕度下降,此时城际要素配置表现为极化效应。在城际经济发展的辐射带动阶段,中心城市生产要素的使用成本上升,随着中心城市自身经济结构和要素结构的调整,中心城市的特定生产要素向周边城市流动,此时要素辐射表现为扩散效应。现阶段,生产要素的积累、流动与配置将各个孤立的城市连接起来,所连接的城市越多,生产要素扩散的空间范围越广泛。城市群的战略发展意味着在更广泛的空间范围内优化城市间运输网络、拓展企业生产和组织网络,共享信息系统,实现资源有效配置和不同城市之间的协同发展。然而,生产要素扩散依然受到要素扭曲和要素分割的约束,故此强化要素扩散的关键在于消除阻碍生产要素自由流动的各种制度障碍。

(二)中心城市对周边城市经济扩散效应的技术扩散路径

内生增长理论认为,技术进步是经济增长的重要原动力,而实现技术进步主要有两种方法:一是自主创新,主要途径是加大 R&D 和人力资本的投资;二是技术扩散,主要途径是对外贸易和外商直接投资。林毅夫的后发优势理论(林毅夫、张鹏飞,2005)指出,技术前沿的发达地区只能通过自主创新来实现其技术进步,同时还需要承担巨大的风险和成本,而技术落后的欠发达地区则可以通过模仿和引入技术前沿的发达地区的技术来实现其技术进步。在城际经济发展的虹吸效应阶段,R&D 人员、平台和资金向中心城市集聚,加之承接国外技术扩散,中心城市逐步由模仿创新向自主创新演变,此时技术辐射表现为极化效应。在城际经济发展的辐射带动阶段,中心城市对周边城市的技术扩散不断凸显,主要表现为三个方面:一是要素流动带动研发人员、研发投资、研发平台向周边城市的转移进而形成技

术扩散;二是产业转移通过技术贸易、技术转让、技术交流、技术传播等路径形成技术扩散;三是周边城市通过中心城市的层级性,承接来自国际渠道的技术扩散,表现为中心城市对周边城市的技术扩散。上述三个方面表现为技术辐射的扩散效应。同时,潘文卿等(2017)明确指出,技术进步的方向具有偏向性,当存在发达经济体的要素增强型技术向其他欠发达经济体扩散时,会逐渐呈现技术进步方向从发达经济体向欠发达经济体扩散的现象。

(三)中心城市对周边城市经济扩散效应的制度扩散路径

制度是指人际交往中的规则及社会组织机制,制度视角下的辐射带动效应主要通过制度扩散渠道得以实现。制度扩散是指一项新的制度安排通过一段时间和一定的渠道,在社会系统的各个成员之间相互传播的过程,表现在正式制度和非正式制度两个方面。①正式制度包括法律法规、政府政策、企业制度等,其辐射主要表现为制度扩散。在城市群经济格局中,中心城市往往成为政策改革或制度革新的试点地区,一些创新型的政府政策或企业制度若试点成功便会通过制度扩散渠道被周边城市所采纳,这一过程表现为扩散效应。然而,正式制度的辐射效应受到外部因素的影响较为显著,特别是政府政策的扩散。当一项政策被采纳时,当地政府既要充分回应当地的社会发展需求,又要充分考虑到对财政资源的约束,同时也要受到上级政府行政命令、上下级之间财政关系以及同级城市之间竞争压力的影响。不仅如此,我国地方政府的政策创新为上级政府提供了经验和学习的契机,进而对上级政府政策的制定也产生了一定程度的影响。②非正式制度是指人们在长期社会交往过程中逐步形成,并得到社会认可的约定成俗、共同恪守的行为准则,包括投资理念、风俗方言、文化传统、道德伦理等。在制度安排对交易成本的作用机制下,非正式制度对于进入本地区的社会主体(或个体)而言具有重要的影响。若外地主体不能较好地适应本地区的非正式制度约束,外地主体在本地区所耗费的交易成本要远远高于本地区的本地主体,这在本地区的本地市场上形成了对外地主体的非正式制度壁垒。本地区的非正式制度对外地主体的壁垒性越强,外地主体和本地区主体所耗费的交易成本的差距会不断扩大,中心城市对周边城市的经济扩散效应就会受到限制,本地区与外地区的经济协调发展水平也会相应降低。因此,加强教育互通、文化交流对于削弱非正式制度壁垒,强化中心城市对周边城市的制度扩散具有重要的作用。

（四）中心城市对周边城市经济扩散效应的产业扩散路径

中心城市经济扩散效应的中观表现是其产业配置形成的对周边城市的发展带动作用。在城际经济发展格局中，城际产业配置表现在三个方面，即产业集聚、产业转移、产业迭代。产业集聚与要素流动形成的极化效应是相伴而生的。随着周边城市生产要素向中心城市的集聚，特别是资本和劳动力，使中心城市企业和产业均得到快速发展，进而形成产业集聚。就此而言，城际产业配置表现为极化效应。当中心城市规模发展到一定程度后，要素相对价格均等化和区域产业结构调整驱动中心城市特定生产要素和产业向周边城市转移，进而使周边城市通过承接产业转移实现自身的发展，形成城际产业配置的扩散效应。中心城市的要素和产业结构调整使其内部产业迭代趋势日益明显，而产业迭代在推动中心城市产业升级的同时也驱动中心城市"劣汰"产业向周边城市转移，进而形成城际产业配置的扩散效应。产业迭代中先进产业由中心城市向周边城市转移时，常常伴随着高层次产业结构的互动和升级、资本和知识等高层次要素的转移、科学和技术的溢出以及资源配置效率的提升等正外部性效应。

此外，中国各个地区之间的空间关系是复杂的、多样的，因此在分析城市群中心城市对周边城市经济扩散效应时，不能只局限于相邻或相近地区之间的相互影响，跨地区之间存在着不同的空间扩散模式，其扩展模式主要包括传染扩散、跳跃扩散、重新区位扩散、接触扩散、等级扩散、迁移扩散、随机扩散等。

三、中心城市对周边城市经济扩散效应的形成动力

经济扩散效应作为一个社会经济活动的空间传递过程，它既是由市场机制进行自我调节的结果，也是由企业与劳动力等经济行为主体在市场环境中追求各自的利益最大化而进行空间迁移的结果。同时，政府也在其中起着重要的作用。在经济的扩散过程中，城市之间可能存在经济活动缺乏合作、贸易存在壁垒、要素流动不畅等问题，政府作为一个规划经济活动的重要力量，它在经济的扩散过程中起到了推进与协调的作用，我国各大城市群的建设就是一个很好的例子。我国目前的新型城市化建设水平逐渐提高，形成了城市圈、城市群、城市带等各种类型的城市空间区域，其中城市群在国家和区域的总体发展战略和规划中通常被作为一个非常重要的

空间组织和实现工具，《中共中央关于制定国民经济和社会发展第十二个五年规划的建议》中首次提出要"以大城市为依托，以中小城市为重点，逐步形成辐射作用大的城市群"。《全国主体功能区规划》则提出了"在优化提升东部地区城市群的同时，在中西部地区资源环境承载能力较强的区域，培育形成若干人口和经济密集的城市群"，进一步促进经济增长并实现市场空间由东向西由南向北扩展。城市群已经成为一个在促进区域协调发展、提高区域综合竞争力等方面发挥着重要作用的空间组织机构。可以说，中心城市对周边城市的经济扩散效应是市场与政府共同推进传导的。

(一) 基于有效市场视角的形成动力

有效市场是指这样一种市场，在这个市场上，所有信息都会很快被市场参与者领悟并立刻反映到市场价格之中。市场价格既表现为产品价格，也表现为要素价格。要素价格形成了要素价格机制和产业链条机制，而产品价格形成了市场竞争机制。

(1) 要素价格机制。要素价格是指生产要素的报酬，如劳动力工资、资本回报率及土地租金等。要素价格存在名义价格和相对价格两类，前者是指生产要素以当前物价水平计算的价格水平，而后者是包括剔除物价水平波动的要素相对价格以及剔除要素使用成本的要素相对价格。中心城市的要素名义价格显著高于周边城市，而中心城市与周边城市间的要素相对价格差异却较小。随着要素相对价格差距的进一步缩小，城市群内部要素资源配置效率将会进一步提升，中心城市对周边城市的要素扩散效应会得到进一步强化。

(2) 产业链条机制。在城市群发展中，市场主体通过在城市间形成产业链条，延伸其供应、生产、销售的各环节，为经济扩散效应提供载体。不同产业之间通过产品、劳动、技术、价格及资本等形成产业关联，再通过投入产出联系影响产业的集聚与扩散。产业链内部相关联的企业之间则通过市场竞争与合作推动产业城乡区位间的转移，进而在产业配置视角实现中心城市对周边城市的经济扩散效应。事实上，产业链条机制是城际产业集聚、产业转移、产业迭代得以形成和演进的重要路径和动力，也是城际经济扩散效应的重要驱动机制。

(3) 市场竞争机制。随着城市群多元经济的不断发展，城市群内部之间的市场空间竞争不断加剧。市场空间竞争机制引致中心城市商品经济向周边城市拓展市场。然而，中心城市通过商品流通实现市场扩张的范围有

第三章 发达地区对欠发达地区经济扩散效应的形成机制

限,通过资本竞争实现的投资转移成为中心城市经济辐射带动作用的主要方式。市场竞争机制既体现在商品市场上,也体现在要素市场上。同时,市场竞争机制既带动市场范围内的结构优化的升级,也实现了生产要素和市场主体的跨城际流动和配置。

(二)基于有为政府视角的形成动力

市场在资源配置中起决定性作用,但也要克服市场机制运行中存在的不正当竞争、不正当谋利、市场分割、市场垄断、供需不平衡等问题和矛盾。为此,要更好发挥政府作用,彰显其"看得见的手"的功能。"有为政府"的目标是追求整体经济发展的水平与效率。在经济扩散效应的传导过程中,除了企业集聚与要素流动等市场行为发挥着重要的作用外,城市规划与基础设施建设等政府行为也发挥着重要作用。政府首先通过社保、户籍、税收和就业等制度对市场主体和市场行为进行限制,进而影响要素在各个城市之间的有效流动和配置。其次,各级政府为了自身利益所制定的战略发展规划和产业发展政策间接影响了区域内的产业集聚与转移,从而对城市间的竞争与合作、产业空间的布局等方面产生影响。最后,政府的基础设施投资行为在物流、交通和通信建设方面起着重要的推动作用,从而改善区域城市间的经济格局与产业格局,并引导城市间产业分工与协作和城市间共同市场的形成。因此,具有自发性和强制性的政府调节行为也可以看作是一种经济扩散效应的传导路径。

第四节
城市地区对农村地区经济扩散效应的形成机制

一、城市地区对农村地区经济扩散效应的阶段特征

党的二十大报告提出,"全面建设社会主义现代化国家,最艰巨最繁重的任务仍然在农村。"从党的十一届三中全会关于农业的功能定位,到党

的十九大全面推进乡村振兴战略的提出,我国城乡经济关系经历了由极化效应向扩散效应调整的发展过程,实现了由"农村服务城市"向"城市带动农村"的转变。在此背景下,强化城市地区对农村地区的经济扩散效应,缓解城乡二元经济结构的非均衡化,实现"以工促农、以城带乡",推进城乡融合发展,对于我国乡村振兴战略的推动具有重要的理论与现实意义。

城乡经济差异一直是区域经济学研究的核心问题之一,也是世界各国经济发展过程中的一个普遍性问题。而区域非均衡发展理论,最初是发展中国家实现经济发展目标的一种理论选择。非均衡发展主张首先发展一类或几类有带动作用的部门,通过这几个部门的发展带动其他部门的发展,在城乡视域下城市地区则被视为带动性部门,城市地区对农村地区的经济扩散效应则被理解为带动的逻辑过程。事实上,按发展阶段的适用性,城乡非均衡发展理论大体可分为两类:一类是无时间变量的,主要包括循环累积因果论、不平衡增长论与产业关联论、增长极理论、中心—外围理论、梯度转移理论等;另一类是有时间变量的,主要以倒"U"型理论为代表。威廉姆森(Williamson,1965)的倒"U"型理论认为,发展阶段与区域差异之间存在着倒"U"型关系。在城乡发展的初期阶段,城市地区对农村地区的极化效应显现,城市地区与农村地区之间的发展差异不断扩大;在城乡发展的后期阶段,城市地区对农村地区的扩散效应显现,城市地区与农村地区之间的发展差异不断缩小。

就区域非均衡发展理论而言,二元经济条件下的区域经济发展轨迹必然是非均衡的,但随着发展水平的提高,二元经济必然会向更高层次的一元经济。在城乡二元结构中,城乡关系经历了与威廉姆森倒"U"型理论较为契合的两个阶段:在第一阶段,周边农村地区的要素资源不断向城市地区集聚促进城市地区的经济发展,进而形成"农村服务城市"的经济现象;在第二阶段,城市地区通过自身经济发展促成各种要素资源从城市地区向周围农村地区转移,从而形成"城市带动农村"的经济现象。学术界分别将第一阶段和第二阶段的经济现象称之为极化效应与扩散效应。

当前,城市地区已经成为了经济相对发达的增长极,而农村地区则是处于增长极周边的扩散承接地区。城市对农村地区的经济扩散效应可以理解为城乡二元结构的一种动态调整过程:当城市地区发展到一定阶段时,随着城市规模的进一步扩大及经济水平的不断提高,城市的劳动力、资

本、技术等生产要素及部分产业向农村地区发生转移,使城乡空间经济联系不断加强并引致农村地区经济发展的现象。

二、城市地区对农村地区经济扩散效应的形成路径

城市地区对农村地区经济扩散效应的形成路径主要表现为微观、中观和宏观三个层次:

(一)城市地区对农村地区经济扩散效应的微观要素路径

要素扩散是城市地区对农村地区经济扩散的微观路径,中观产业扩散与宏观发展扩散均是以要素扩散为基础的。要素扩散表现为城市地区生产要素向农村地区的流动和转移,表现为生产要素在城乡之间的结构性配置调整。生产要素是维系城市地区和农村地区经济运行及市场主体生产经营过程中所必须具备的基本因素。西方经济学普遍认为,基本的生产要素包括劳动力、土地、资本三个方面。随着科技创新的发展和知识产权制度的建立,技术也作为相对独立的要素投入生产。这些生产要素在城市地区和农村地区要素市场进行市场交换,形成不同种类的生产要素价格及其体系。本书基于资本、劳动、技术三个方面视角讨论城市地区对农村地区的要素扩散路径。

(1)资本扩散路径。物质资本在城乡地区间的配置变化会对城乡二元经济结构的调整产生显著影响。相较于农村地区,我国城市地区的经济发展水平相对较高,物质资本更为充裕,市场活力更大,对外投资的动力更强。一方面,在市场机制的作用下,投资边际回报率的城乡差异驱动了城市资本向农村地区的扩散。另一方面,在政府政策的导向下,城乡产业政策(如"工商资本下乡"等)驱动了城市资本向农村地区的扩散。外化为城市地区市场主体在农村地区投资行为的资本扩散,实现了城乡间的资本配置调整。城市资本要素的调整存在两个阶段,第一阶段是城市资本的集聚阶段,第二阶段是城市资本向周边的转移阶段,资本扩散往往发生在第二阶段。在第一阶段,大量资本向城市地区集聚,集聚效应引发的知识溢出与技术进步使城市体系中的资本投资回报率远高于农村地区,城市资本增值在下一轮投资中依旧进入城市,在这种资本流动闭环中,城市经济实现了进一步的增长扩张。在第二阶段,城市规模发展到一定程度,资本要素的使用成本不断提升,交通拥挤、土地稀缺以及环境污染等问题开始出现,企业生产经营成本超越经济集聚带来的规模经济效益,资本要素逐步往效

益更高、成本更低的地区流动。而农村地区由于地价与要素成本相对较低吸引了大量城市地区的资本投资，资本流入农村地区以后会有新一轮的资本回报产生，企业在进行投资决策时会根据资本收益进行新的城乡布局，进而增加资本扩散强度。随着城乡间资本配置效率的提高，城市地区对农村地区的经济扩散效应也越发显著。

（2）劳动扩散路径。劳动力包括一般劳动力和专业技术人员两类，前者是指从事体力劳动为主的劳动者，后者是指拥有特定的专业技术，并以其专业技术从事专业工作，从而获得相应利益的劳动者。①一般劳动力的扩散路径。在"农村服务城市"阶段，农村地区大量的剩余劳动力不断向城市转移，为城市经济发展提供了劳动力要素供给。然而，随着城市地区劳动力要素的不断充裕和生活成本的不断提升，劳动力开始向农村地区转移，并为乡镇企业提供劳动力供给。②专业技术人员的扩散路径。在城市发展的初期阶段，由于城市地区产业相对密集，能够提供更多的就业岗位、更高的工资收入与就业平台，受规模效应、竞争效应及经济外部性影响，专业技术人员向城市地区集聚。然而，随着农村地区经济技术的不断发展、交通工具的普及与交通网络的优化、生产布局与产业结构的调整、政府的人才引进政策及生活环境的改善，越来越多的专业技术人员倾向于迁向城市周边的郊区或乡镇。专业技术人员的扩散与集聚往往同时发生，扩散现象相较于集聚现象更为缓慢，但随着城乡一体化的不断推进，专业技术人员的扩散速度也会不断提高。城市对农村的劳动扩散涵盖了人力资源的扩散与人力资本的扩散两个方面，前者是指劳动力要素实体由城市往农村地区的扩散，后者是指先进的知识与技术等无形资本的扩散。劳动扩散呈现圈层化，越靠近城市核心地，劳动流入速度越快，劳动扩散效应越显著。

（3）技术扩散路径。在城乡二元经济结构中，城市地区的科技水平与创新能力远超农村地区。新技术的出现往往伴随成本降低、效率提高、效益增加，提高了整个产业或地区的经济效益。作为创新主体的城市地区通过消费、生产等方式主动向周边或农村地区进行技术输出，农村地区的企业或产业在面临巨大压力的情况下也会不断模仿。城市地区对农村地区的技术扩散主要体现在技术人员向农村地区输送、新技术的转让以及示范学习等方面，通过技术扩散增加农村地区的知识技术与人力资本的累积，进而实现城乡经济协调发展。受地理因素、R&D经费与人力资本、技术差距、市场结构及制度因素的影响,技术扩散在不同地区的扩散速度存在较大差异。一般而言,技术扩散与距城市技术中心距离呈负相关关系;R&D 经费越充足人力资本水平越高,技术扩散越快;新旧技术水平差距越大、市场化程度越高,技术扩散越明显;政府的技术扶持也是推动技术扩散的重要手段。

(二)城市地区对农村地区经济扩散效应的中观产业路径

产业扩散是指城市经济发展到一定程度,产业过于集中引发地价上涨、环境恶化、交通堵塞等系列城市问题导致产业集聚效益降低,从而促使产业向劳动力资源丰富、地租低廉、政策更加优惠的城市周边农村地区转移。城市地区对农村地区的产业扩散主要体现在城乡间的产业转移。城乡间产业转移表现为,在市场机制作用下,城市地区的部分企业顺应区域比较优势和禀赋优势的变化,通过跨城乡的直接投资,把部分产业的生产转移到农村地区进行,从而在产业的空间分布上表现出该产业由城市地区向农村地区转移的现象。

由于产业业态不同,城市地区对农村地区产业扩散的方式和模式也存在差异。其一,制造业、钢铁、化工等工业企业由于占地较多,对环境破坏严重,这些产业在空间扩散形式上主要表现为跳跃扩散,即由城市中心地向远郊扩散。其二,纺织业等劳动密集型产业,原本的企业布局就十分分散,缺乏规模效益,加上城市地区的人力资本上升,土地资源紧张等因素,在进行产业转移重新优化布局时,主要通过跳跃扩散向郊区的产业园区进行集中转移,通过形成产业集群带动人才回流,形成规模经济促进新一轮的经济增长。其三,高新技术产业等智力密集型产业,产品种类多附加值高,需要大量人才、资金作为支撑,主要集中分布在城区边缘。高新技术产业的扩散模式主要为拓展扩散,主要表现为通过扩大产业用地面积向郊区扩散。

事实上,在城乡区域发展格局中,产业扩散与要素扩散是关联式同时推进的,其中在产业扩散的过程中必然伴随着资本、劳动与技术的扩散,而资本、劳动与技术的扩散会带动城市地区产业向农村地区的转移,进而优化农村地区承接产业转移的环境,实现城乡协同发展和高度融合。

(三)城市地区对农村地区经济扩散效应的宏观发展路径

在微观要素扩散和中观产业扩散的基础上,形成了城市对农村的宏观发展扩散现象。宏观发展扩散是城乡间要素配置和产业转移的外化表现和

经济结果。在宏观发展视角下，可以从以下三个方面理解城市对农村的经济扩散效应。

(1) 城乡居民收入视角。随着城市地区对农村经济扩散效应的强化，城乡居民之间的收入差异也在不断缩小。这一收入差异缩小的过程，在均量的层面表现为城乡居民的人均收入水平差异在不断缩小，而在结构层面表现为城乡居民收入结构的趋同，具体体现为农村居民工资性收入及财产性收入占比的提升。

(2) 城乡居民消费视角。随着城市地区对农村地区经济扩散效应的强化，城乡居民之间的消费差异也在不断缩小，并同样表现为消费均量的差异缩小以及消费结构的趋同。消费均量的差异缩小意味着城乡地区需求差异的缩小和我国内需规模的扩大，表现为城乡发展差异的收敛。而消费结构的趋同表现为城乡居民消费能力和消费意识的趋同，意味着城乡间物质和精神层面的共同富裕。

(3) 基本公共服务均等化视角。基本公共服务均等化是指城乡居民都能公平可及地获得大致均等的基本公共服务，其核心是促进机会均等，重点是保障农村居民可以获得与城市居民同等的基本公共服务机会，而不是简单的平均化。随着城市地区对农村地区经济扩散效应的强化，城乡间的基本公共服务均等化水平也在得到不断的改善，这也为城乡空间融合和共同发展提供了更好的外部条件。

三、城市地区对农村地区经济扩散效应的形成动力

本部分从内部与外部的双重视角阐释了我国城市对农村经济扩散效应的驱动机制。其中，内部驱动机制包括城乡要素价格动力机制、城乡产业链条动力机制、城乡市场竞争动力机制，外部驱动机制主要表现为城乡政府激励动力机制。

(一) 城乡要素价格动力机制

城乡要素价格动力机制主要是由城乡间要素相对价格差异的缩小引起的。在城乡要素配置层面的要素相对价格主要是指要素名义价格与要素使用成本之比，如城市地区的名义工资普遍高于农村地区，然而城市地区的居住成本相对较高(如高房价、高房租)，在此理论路径下要素相对价格的城乡差距要显著小于其要素名义价格差距。由于经济集聚所带来的规模经

济形成一股向心力，引起生产要素向城市地区集中。与此同时，劳动力由于生存空间需要，必须在经济区内频繁往返，这些时间成本、交通成本以及生活费用的提高通过螺旋效应引起工资水平的上涨，使劳动力成本进一步增加，其他要素价格也会相应提升。部分企业迫于成本压力，就会往周边劳动力成本更低、租金更便宜的农村地区转移，企业不断上升的向外扩散趋势推动着产业发展向城市周边农村地带转移。

(二) 城乡产业链条动力机制

市场主体主要通过跨城乡的资源整合与合理分工形成"产业链"，进而实现城乡间的要素资源优化配置和经济效益最大化。在城市地区对农村地区的经济扩散过程中，城市地区市场主体（包括企业、投资者等）与农村地区市场主体之间存在前向或后向的关联关系，这种关联关系体现在了供应、生产、销售的各个环节，从而在城市地区与农村地区之间形成产业链条。产业链条也为城乡经济扩散提供了渠道和载体。而不同产业链条之间也在逐步形成产业关联，主要体现在产品、要素和价格等方面，这使城乡地区之间形成了多重或者复合的产业链条集合，进而使城乡间的产业集聚和扩散不断演变和调整。不仅如此，在城乡产业链条内部，市场主体也在竞合博弈机制的作用下呈现出城市地区与农村地区之间的产业转移和产业承接，以实现城市地区对农村地区的经济扩散效应。从技术溢出视角而言，产业的上下游产业链之间由于生产技术差异往往还会形成城市地区对农村地区的技术扩散。通过合作与竞争方式产业互动，处在同一发展等级或不同发展等级的产业可分别通过水平与垂直的分工加强城乡间的产业联系，从而提高城市地区对农村地区的经济扩散效应。

(三) 城乡市场竞争动力机制

在市场经济背景下，城市地区对农村地区经济扩散效应的市场竞争机制，不仅包括区域间的市场空间竞争，还包括区域内部产业以及产品之间的市场竞争。随着城乡二元经济的不断发展，城乡内部之间、城乡二元之间的市场空间竞争不断加剧。市场空间竞争机制引致城市地区商品经济向农村地区拓展市场，是城市地区经济向农村地区发展扩散的主要动力机制之一。由于我国长期实行的城乡二元经济体制，城市地区通过商品流通实现市场扩张的范围有限，通过资本竞争实现的投资转移成为城市地区经济向

农村地区发展扩散的主要方式。城市地区对农村地区进行投资转移具有明显的层级递进特征。首先是通过将城市地区内的边际产业即处于比较劣势的产业转移到郊区产业园区，这些产业投资在向郊区产业园扩散的过程中又会形成新的集聚。当产业集聚发展到一定规模，新一轮的产业集聚与扩散再将产业投资转移到农村地区。通过梯度的产业投资扩散，不仅中心城市的资本竞争压力得到缓解，企业市场扩张也有了更大的空间。反过来，城市地区市场空间的扩散又会进一步扩大产品市场份额，加剧产品市场竞争。制造业、服务业、商贸业等企业在城乡之间的地理扩散就是典型的市场空间竞争机制。

（四）城乡政府激励动力机制

在发达地区对欠发达地区的经济发展扩散过程中，尤其是城市经济对农村地区的经济发展扩散中，政府政策激励是促进发展扩散的重要手段。政府参与发展扩散主要通过财政、税收及金融等方式，对发展扩散供给者、承接者以及市场环境进行调控。在城市地区经济向农村地区发展扩散过程中，政府通过对农村地区进行企业发展、产品研发和技术创新的直接拨款，对城乡间经济扩散涉及的最终产品和中间产品进行税收减免，对扩散涉及企业实行金融优惠政策及风险投资等系列措施，达到对农村地区重视技术、创新投入的鼓励，进而对城乡间的经济发展扩散起到激励作用。同时，针对城市地区发展扩散企业实施系列产权保护措施，保护发展扩散提供者的正当收益权。在城乡市场空间竞争上，政府通过规范市场行为、完善公共服务体系、减少市场干预等手段强化市场力量在经济扩散过程中的推动作用。

第五节
本章小结

本章阐析了发达地区对欠发达地区经济扩散效应的理论内涵，并从省际、城际、城乡三个层面剖析了发达地区对欠发达地区经济扩散效应的现实维度。进而从阶段特征、形成路径、形成动力三个方面分别分析了发达地区对欠发达地区经济扩散效应的形成机制。

— 064 —

第三章 发达地区对欠发达地区经济扩散效应的形成机制

区际经济扩散效应表现为：在非均衡的区域发展格局下，随着发达地区自身要素集聚程度的提升以及经济结构的优化，发达地区通过微观要素扩散(生产要素流动、技术扩散等)、中观产业扩散(产业配置与产业转移)、宏观发展扩散三维路径，带动欠发达地区的经济发展，实现区域间的协同发展，进而促进区域间共同富裕。区际经济扩散效应具有阶段性：在第一个阶段，基于区位特征，通过政策干预推动发达地区对欠发达地区的极化效应，使发达地区成为增长极；在第二个阶段，发挥发达地区的经济扩散效应，带动发达地区与欠发达地区的共同发展。发达地区对欠发达地区经济扩散效应的现实维度表现在省际、城际、城乡三个层面，即先发省份对后发省份的经济扩散效应、中心城市对周边城市的经济扩散效应、城市地区对农村地区的经济扩散效应。

(1)省际经济扩散效应的形成机制。先发省份对后发省份的经济扩散效应通过微观要素、中观产业、宏观发展三重路径得以实现。微观要素路径表现为资本要素扩散、劳动力要素扩散、技术要素扩散、知识要素扩散四个方面；中观产业扩散表现为产业链扩散和产业迭代转移两个方面；宏观发展扩散是微观要素扩散和中观产业扩散的现实结果。先发省份对后发省份经济扩散效应的形成动力包括市场动力机制和政府动力机制两个方面，其中市场动力机制包括要素价格机制和市场竞争机制。

(2)城际经济扩散效应的形成机制。在城市群的空间结构下，中心城市对周边城市的经济扩散效应依托于企业和产业主体在城际空间维度得以显现，并通过要素扩散、技术扩散、制度扩散和产业扩散等路径得以形成。中心城市对周边城市经济扩散效应的形成动力主要体现在有效市场和有为政府的协作方面，其中有效市场的运行依托于要素价格机制、产业链条机制、市场竞争机制等方面，而有为政府的运行依托于自发性和强制性的政府调节，引导城市间产业分工与协作和城市间共同市场的形成。

(3)城乡经济扩散效应的形成机制。城市地区对农村地区的经济扩散效应表现为微观、中观和宏观三个层面，微观层面包括了资本扩散、劳动扩散、技术扩散三个方面，中观层面体现为城乡间的产业转移，宏观层面是在微观要素扩散和中观产业扩散的基础上形成的。城市地区对农村地区经济扩散效应的形成动力包括城乡要素价格动力机制、城乡产业链条动力机制、城乡市场竞争动力机制、城乡政府激励动力机制。

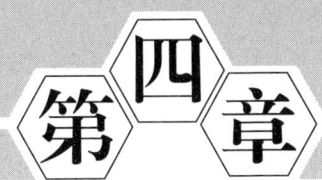

先发省份对后发省份经济扩散效应的计量评价

　　所谓扩散效应是指一国(地区)的某一地区由于某种原因(如交通便利或享有特殊优惠政策)而创办了许多工业,逐渐形成了一个经济中心。这一中心的形成和发展向周围地区扩散和辐射,因而带动周围地区的经济增长,而这些邻近地区的经济增长又反过来进一步促进中心地区经济的发展,从而形成了一个上升的循环累积过程。

　　——瑞典经济学家冈纳·缪尔达尔(Myrdal,1957)"循环积累因果原理"

在省际维度下,先发省份对后发省份的经济扩散效应体现了先发地区对后发地区的带动作用。那么,先发省份对后发省份的带动作用如何呢?本章运用引入空间地理权重矩阵的非线性最小二乘法,计量估计全国层面和地区层面先发省份对后发省份经济扩散效应的整体系数与个体系数,并量化检验先发省份对后发省份经济扩散效应的距离衰减规律。

第一节
计量评价方案设计

一、全国与地区层面先发省份的界定与遴选

对先发省份的概念界定和样本遴选是进行省际经济扩散效应估计的前提。本书中的先发省份是相对于后发展的后发省份而言的,是指先发展的省份(罗富政、何广航,2021),而后发省份则是指后发展的省份。受政策倾斜和区位优势的影响,在全国层面存在先发省份和后发省份,而在同一个区域内部亦存在先发省份和后发省份。在下面的分析中,先发省份的遴选基于全国和三大经济分区两个层面进行。

(一)全国层面先发省份的界定与遴选

根据我国的经济分区标准,我国可以划分为东部地区、中部地区和西部地区三个经济分区。程名望等(2019)认为,中国经济发展水平存在显著的地区差距,由东向西依次递减,东部地区为发达省份集聚区,西部为欠发达省份集聚区。改革开放后,中国区域经济发展的重点由内地转移到东部地区。在"让一部分地区先富裕起来,然后带动其他地区共同富裕"战略及与之配套的一系列对外开放和经济体制改革倾斜政策的支持下,东部地区省份快速发展和富裕起来(覃成林、杨霞,2017)。既有研究多是将整个东部地区省份视为先发省份。东部地区包括河北省、北京市、天津市、山东省、苏州省、上海市、浙江省、福建省、广东省、海南省和辽宁省共11个省级行政单位。

事实上,从区域战略政策视角而言,东部地区省份作为先发省份的界定模式是依据充分的。1980~1988年,我国先后设立广东省的深圳、珠海、汕头,福建省厦门和海南省作为经济特区。1984年,中央进一步开放大连、秦皇岛、天津、烟台、青岛、连云港、南通、上海、宁波、温州、福州、广州、湛江、北海14个沿海港口城市。1985年后建立的沿海经济开发区又包括长江三角洲、珠江三角洲和闽南厦漳泉三角地区以及辽东半岛、胶东半岛等。上述区域战略政策规划均将东部地区省份作为先发省份。

然而,在后文分析中笔者将海南省和辽宁省剔除出先发省份样本。究其原因主要包括两个方面:其一,从经济总量排名方面考虑。海南省2022年GDP总量为6818.2亿元,居全国第28位。辽宁省2022年GDP总量为28975.1亿元,居全国第17位,两省份经济总量排名均靠后。① 其二,从省际空间相关性方面考虑。以我国31个省份(不包含我国港澳台地区)2019年人均实际GDP衡量省域经济发展水平,进而应用最为广泛的0-1地理相邻空间权重矩阵,绘制莫兰散点图以直接观察各省人均实际GDP与周围相邻省份人均实际GDP的空间相关性。发现:上海、江苏、浙江、天津、福建以及山东6省位于第一象限,表明6个省份经济发展水平高于全国经济平均水平,同时周边相邻省份的经济发展水平也高于全国经济平均发展水平;北京和广东位于第四象限,表明北京和广东本省经济发展水平明显高于全国经济发展水平,但是周边邻近省份的经济发展实力较低;河北位于第二象限,表明河北所在区域省份总体经济发展水平相对较高;辽宁则位于第三象限,表明辽宁以及周边相邻省份的经济发展水平皆低于全国所有省份平均水平。

(二)地区层面先发省份的界定与遴选

在三大经济分区的内部,不同省份之间亦是不平衡发展,同样存在先发展省份和后发展省份之间的区分。后文分析中将计量评价经济分区内部地区层面先发省份对地区内其他省份经济扩散效应的强度。

(1)东部地区先发省份的遴选:上海和北京。由2015~2019年人均实际GDP莫兰散点图可知,上海处于第一象限,其经济发展水平相较于其他东部地区省份远远高于全国平均水平;北京处于第四象限,虽然周边省份

---

① 资料来源于各省份2022年国民经济和社会发展统计公报。

经济发展水平较低，但是北京自身经济发展水平远远高于全国平均水平，加之国家政治中心的地位，其成为东部地区重要的先发省份。因此，本书将上海与北京作为东部地区的地区层面先发省份。

（2）中部地区先发省份的遴选：湖北。由2015～2019年人均实际GDP莫兰散点图可知，中部地区省份中，湖北是唯一一个经济发展水平高于全国平均经济发展水平的省份。因此，本章将湖北省作为中部地区的地区层面先发省份。

（3）西部地区先发省份的遴选：重庆。由2015～2019年人均实际GDP莫兰散点图可知，西部地区省份中，重庆和内蒙古是经济发展水平高于全国平均经济发展水平的两个省份。但比较分析发现，内蒙古在5年间逐渐退出经济发展水平高于全国平均发展水平的第四象限，而重庆正在逐渐往第四象限内部移动。因此，本章将重庆作为西部地区的地区层面先发省份。

二、计量评价模型构建

覃成林和杨霞（2017）、潘文卿和吴天颖（2018）在研究中国发达地区对欠发达地区的经济扩散效应过程中，均表明经济发展水平的扩散与地理距离有着显著的空间相关性，符合地理学第一定律假说（Tobler，1970）。一般而言，随着地理距离的增加，经济扩散效应强度在不断的衰减。结合既有研究，本章基于空间地理视角，构建先发省份对后发省份经济扩散效应整体系数的计量评价模型如下：

$$y_{i,t} = \beta_0 + \varphi^z \sum_{j \in J} y_{j,t} \cdot e^{\sigma d_{i,j}} + \sum_{k \in K} \beta_k X_{i,t}^k + \mu_{i,t} \tag{4-1}$$

其中，$y_{i,t}$ 和 $y_{j,t}$ 分别表示先发省份 j 和后发省份 i 在 t 年份的人均实际GDP；$d_{i,j}$ 为后发省份 i 和先发省份 j 之间的空间地理距离；β_0 和 β_k 分别表示常数项及第 k 个控制变量（$X_{i,t}^k$）的系数；$\mu_{i,t}$ 为干扰项。参数 φ^z 是全国层面或经济分区内部全体先发省份对后发省份经济扩散效应的整体系数。J 为先发省份的集合。参数 σ 是用于估计地理距离衰减规律的系数，以检验先发省份对后发省份经济扩散效应是否会随地理距离的扩大而衰减。

在式（4-1）中，若参数 φ^z 的估计值为正，则表明先发省份对后发省份的经济扩散效应显著，且整体系数越大经济扩散效应越强；反之，若参数 φ^z 的估计值为负，则表明不仅不存在先发省份对后发省份的经济扩散效应，反而可能存在外化为经济集聚现象的极化效应（霍露萍、张强，2020；

王春杨等，2018）。若参数 σ 的估计值为负，则表明先发省份对后发省份经济扩散效应符合地理距离衰减效应规律，反之则不符合。进一步地，若参数 φ^z 的估计值显著为正且参数 σ 的估计值显著为负，则表明全体先发省份对后发省份存在显著的经济扩散效应，即全体先发省份的经济发展对后发省份具有带动作用，且扩散效应整体系数符合地理距离衰减效应规律。若参数 φ^z 的估计值显著为正，且参数 σ 的估计值不显著或者为正值，则表明全体先发省份对后发省份虽然存在经济扩散效应（整体系数），但并不符合地理衰减定律。若参数 φ^z 的估计值显著为负或者不显著，则表明全体先发省份对后发省份并不存在显著的经济扩散效应，但是有可能存在外化为经济集聚现象的极化效应。在扩散源的先发省份集合（J）界定方面，笔者将扩散源设定为以下 9 个省份：北京、天津、浙江、上海、江苏、广东、福建、山东和河北，其他后发省份地区则作为先发省区的经济扩散效应承接地区。

需要说明的是，式(4-1)主要估计的是全部先发省份对后发省份经济扩散效应的整体系数。其中设定的每个先发省份的经济扩散效应系数 φ 均是同质的。然而，在经济扩散效应强度方面，先发省份之间亦存在区域异质性。为观察不同先发省份经济扩散效应的差异，本章借鉴潘文卿和吴天颖（2018）在评价技术进步偏向性扩散效应方面的处理方法，将先发省份对后发省份的整体经济扩散效应分解为单个先发省份对后发省份的经济扩散效应。此时的扩散效应系数估计单个先发省份的经济扩散效应参数，回归模型如式(4-2)所示：

$$y_{i,t}=\beta_0+\varphi_j \cdot y_j \cdot e^{\sigma d_{i,j}}+\sum_{k\in K}\beta_k X_{i,t}^k+\mu_{i,t} \qquad (4-2)$$

其中，参数 φ_j 为经济扩散效应的个体系数，刻画的是先发省份 j 个体对后发省份的经济扩散效应强度。若 φ_j 显著为正，则表明先发省份 j 对后发省份存在显著的经济扩散效应，且该系数越大，经济扩散效应越强。若 φ_j 显著为负，则表明先发省份 j 对后发省份不存在经济扩散效应，有可能存在一定的极化效应。

基于式(4-1)和式(4-2)，本章采用非线性最小二乘法（NLS）进行估计。该方法是以误差的平方和最小为准则来估计非线性静态模型参数的一种参数估计方法。在先发省份对后发省份经济扩散效应的整体系数和个体系数的估计中可以得到较好的应用。

三、指标设计与数据选取

(一) 区域经济发展水平：人均实际 GDP(y)

人均名义 GDP 只能近似地衡量地区经济发展水平，如若要恰当地衡量地区经济发展水平，在实证分析中就需要采用人均实际 GDP。为消除价格因素的影响，人均名义 GDP 需要利用式(4-3)方法折算人均实际 GDP。该方法的关键是计算不变价格居民消费价格指数(CPI)。本章研究时间段设置在2000~2019年，因此需要将2000年作为基期，即设2000年 CPI 基期值为100，再累乘得到 t 年份的不变价格 CPI 值，最后利用这个数值除当期人均名义 GDP，就可以得到以不变价格为基准的人均实际 GDP 数值，具体公式如下：

$$人均实际 GDP = (人均名义 GDP_t / 不变价格 CPI_t) \times 100 \quad (4-3)$$

其中，不变价格 $CPI_t = (CPI_t \times 不变价格 CPI_{t-1})/100$

$$不变价格 CPI_{2000} = 100$$

(二) 先发省份与后发省份的空间地理距离(d_{ij})

本章参照韩峰和柯善咨(2013)利用城市中心坐标和地球经纬度计算的距离公式，将城市中心坐标替换成省会城市的中心坐标来计算省际间距离 $d_{i,j}$，城市之间的空间距离通过城市经纬度进行计算，公式为：

$$d_{i,j} = R \times \cos^{-1}(\cos(\alpha_i - \alpha_j)\cos\beta_i\cos\beta_j + \sin\beta_i\sin\beta_j) \quad (4-4)$$

其中，R 为地球大弧半径6371千米；α_i 和 α_j 为城市中心点经度，β_i 和 β_j 为城市中心点纬度。

(三) 控制变量

为避免在评价模型构建过程中可能存在变量遗漏问题，综合现有研究成果，引入如下控制变量：

(1) 人均资本存量(k)。参照贾娜和周一星(2006)对固定资产投资额的处理方法，利用永续盘存法对人均资本存量进行了估计。首先，对初始资本存量进行估计，以2000年的实际固定资产投资总额作为分子来除以折旧率6%与2000~2019年的名义 GDP 平均增长率 α 之和来估计2000年各省份的资本存量；其次，2000年之后的资本存量则是通过各省的固定资产投资额用永续盘存法计算；最后，利用所估计出的各省份相应时间的资本存量除以当年的年底总的人口数(Pop)。公式如下：

$$k_{i,t}=K_{i,t}/Pop_{i,t}$$
$$K_{i,t}=I_{i,t}+(1-\delta)\times K_{i,t-1}$$
$$K_{i,2000}=I_{i,2000}/(\alpha_i+6\%) \quad (4-5)$$
$$\alpha_i=\sqrt[19]{G_{i,2019}-G_{i,2000}}-1$$

其中，α_i 为 i 省区 2000～2019 年的 GDP 平均增长率，$K_{i,t}$ 是第 i 个省份第 t 年的资本存量，$K_{i,t-1}$ 是第 i 个省区第 $t-1$ 年的资本存量，$I_{i,t}$ 表示第 i 个省份第 t 年的固定资本投资总额，$Pop_{i,t}$ 表示第 i 个省份第 t 年的年底总人口，$k_{i,t}$ 为第 i 个省份第 t 年的人均资本存量，δ 为折旧率，本章设置为 6%。一般而言，人均资本存量越高的省份，资本积累也就越雄厚，故预测人均资本存量对经济发展水平的影响是正向的。

(2) 对外开放水平($Open$)。采用的是按经营单位所在地分货物进出口总额与地区生产总值的比重来度量。从《中国区域经济统计年鉴》中得到当年各省区的进出口总额，并按照当年年均汇率换算成人民币（亿元）。

(3) 技术进步(Tec)。利用技术市场成交额占地区生产总值的比重衡量技术进步，不仅反映了技术创新的"规模"，还表征了创新的市场转化能力。

(4) 人力资本水平(Edu)。采用本科生和专科生在校学生数占该省当年的年末地区常住人口数的比重来测度教育水平，教育水平较高的地区经济发展能力都较强（邸俊鹏、孙百才，2014）。

各变量的描述性统计结果如表 4-1 所示。

表 4-1 各变量的描述性统计结果

变量	样本	均值	标准差	最小值	最大值
y	620	25913.09	19041.01	2662	114127.60
k	620	11.1425	11.1772	0.1557	55.9893
$Open$	620	0.3023	0.3826	0.0127	1.7991
Tec	620	0.0103	0.0214	2.9200	0.1635
Edu	620	0.0152	0.0072	0.0021	0.0356

考虑到数据的可获得性，本部分使用的是 2000～2019 年我国 31 个省份（除我国港澳台地区外）的面板数据作为研究样本。数据主要来源于历年的《中国区域经济统计年鉴》、EPS 数据库以及部分省份政府官网。由于西

藏地区部分数据存在缺失,本章借鉴马东升和董宁(2015)对线性插值法的计算,将数据逐一补齐。

为了缓解量纲差异以及异方差的影响,本章对所有指标均进行标准化处理(极值处理法),计算公式如下:

$$
\begin{aligned}
x_{i,j}^{*} &= \frac{x_{i,j} - m_j}{M_j - m_j} \\
M_j &= \max_i \{x_{i,j}\} \\
m_j &= \min_i \{x_{i,j}\}
\end{aligned}
\tag{4-6}
$$

其中,$x_{i,j}^{*}$表示处理后的数据,最大值为1,最小值为0。

第二节 全国层面先发省份对后发省份经济扩散效应的评价

一、先发省份对后发省份经济扩散效应的整体与个体系数估计

表4-2报告了全国层面先发省份对后发省份经济扩散效应的整体系数与个体系数的估计结果。其中,列(1)中的参数φ估计了9个先发省份对所有后发省份经济扩散效应的整体系数;列(2)~列(10)中的参数φ分别估计了9个先发省份对后发省份经济扩散效应的个体系数。通过观察距离衰减参数σ,以检验先发省份对后发省份经济扩散效应的距离衰减效应规律。

表4-2 先发省份对后发省份经济扩散效应的估计结果

变量	(1) 整体	(2) 北京	(3) 天津	(4) 上海	(5) 江苏
φ	0.1899*** (0.0187)	0.1812*** (0.0461)	0.2092*** (0.0272)	0.4161*** (0.0266)	0.2393*** (0.0357)

续表

变量	(1) 整体	(2) 北京	(3) 天津	(4) 上海	(5) 江苏
σ	-0.0135*** (0.0041)	-0.0009** (0.0004)	-0.0006*** (0.0001)	-0.0031*** (0.0005)	-0.0010*** (0.0002)
k	0.3805*** (0.0203)	0.4397*** (0.0391)	0.4044*** (0.0334)	0.4234*** (0.0232)	0.3786*** (0.0324)
$Open$	0.1994*** (0.0225)	0.3407*** (0.0298)	0.3563*** (0.0279)	0.2088*** (0.0208)	0.2967*** (0.0245)
Edu	0.1379*** (0.0174)	0.0863** (0.0348)	0.0249 (0.0287)	0.1449*** (0.0238)	0.0880*** (0.0303)
Tec	0.1256*** (0.0414)	0.0944* (0.0521)	0.1285** (0.0548)	0.2299*** (0.0542)	0.2020*** (0.0511)
常数项	0.0103*** (0.0041)	-0.0051 (0.0053)	-0.0092** (0.0043)	0.0016 (0.0050)	-0.0030 (0.0044)
N	620	620	620	620	620

变量	(6) 浙江	(7) 广东	(8) 福建	(9) 山东	(10) 河北
φ	0.2622*** (0.0308)	0.0723** (0.0293)	0.2323*** (0.0348)	0.2157*** (0.0297)	0.1648*** (0.0279)
σ	-0.0014*** (0.0003)	-0.0004 (0.0004)	-0.0011*** (0.0003)	-0.0006*** (0.0001)	-0.0004*** (0.0001)
k	0.4025*** (0.0256)	0.4618*** (0.0453)	0.4196*** (0.0323)	0.3721*** (0.0370)	0.3964*** (0.0359)
$Open$	0.2610*** (0.0223)	0.3168*** (0.0295)	0.2912*** (0.0246)	0.3481*** (0.0277)	0.3537*** (0.0283)
Edu	0.1052*** (0.0305)	0.1129*** (0.0327)	0.1148*** (0.0280)	0.0436 (0.0313)	0.0537* (0.0320)
Tec	0.2328*** (0.0514)	0.1787*** (0.0555)	0.2127*** (0.0534)	0.1522*** (0.0508)	0.1531*** (0.0534)
常数项	-0.0025 (0.0046)	-0.0096* (0.0050)	-0.0037 (0.0049)	-0.0101** (0.0043)	-0.0159*** (0.0045)
N	620	620	620	620	620

注：括号内数值为稳健标准误，*、**、***分别表示显著性水平为10%、5%、1%。

表4-2中，列(1)的整体系数 φ 为0.1899，且在1%水平上显著，这表明全体先发省份的人均实际GDP每提升1个单位能够带动后发省份的人

均GDP提高0.1899个单位。据此可知，我国先发省份的经济发展对后发省份具有显著的扩散效应，且整体而言的经济扩散效应强度为0.1899。列(1)中参数σ的估计系数为-0.0135，且在1%的水平上显著，表明我国先发省份对后发省份的经济扩散效应符合地理距离衰减效应规律，即先发省份对后发省份经济扩散效应的强度会随着地理距离的扩大而逐步削弱。

表4-2中列(2)~列(10)的估计结果表明，北京、天津、上海、江苏、浙江、广东、福建、山东和河北的扩散效应个体系数分别为0.1812、0.2092、0.4161、0.2393、0.2622、0.0723、0.2323、0.2157、0.1648，且至少在5%水平上显著。其中，上海对后发省份的经济扩散效应强度最大，上海的人均实际GDP每提升1个单位能够带动后发省份的人均GDP提高0.4161个单位；而广东对后发省份的经济扩散效应强度最弱，个体系数仅为0.0723，且在5%水平上显著。广东经济扩散效应较弱的原因包括：其一，广东与海外市场的联系更为紧密，而对中国内陆市场的影响反而没有其他先发省份的影响那么显著(潘文卿、吴天颖，2018)。2022年广东进出口总额为6838.3亿元[①]，排名国内第一，为广东省经济发展与海外市场联系提供了现实依据。其二，张勋和乔坤元(2016)认为，资本的自由流动更有利于促进区域间经济互动，然而资本的过度集聚则会强化极化效应。2022年广东社会融资规模增量达3.5万亿元，占全国增量比重11%[②]。相对于其他先发省份而言，广东资本积累程度较高、集聚效应明显，资本的流动能力就会受到限制，基于资本虹吸效应的作用反而不利于经济扩散效应的发挥。其三，广东内部区域珠三角和非珠三角经济发展水平差距较大，这使资源和要素更加倾向于流向广东省的中心城市，不利于强化甚至抑制广东省整体经济水平的对外区域的扩散效应。广东省内的广州和深圳两个城市的市场服务对象主要是国内和国际市场，而其他城市的消费市场主要在本地(王效梅等，2020)，不利于广东个体经济扩散效应的强化。

其他先发省份的经济扩散效应个体系数基本维持与整体系数保持一致。其中，北京和河北的经济扩散效应个体系数略低于整体系数，而天津、江苏、浙江、福建、山东的经济扩散效应个体系数略高于整体系数。

---

① 资料来源于《广东省2022年国民经济和社会发展统计公报》。
② 资料来源于《中华人民共和国2022年国民经济和社会发展统计公报》和《广东省2022年国民经济和社会发展统计公报》。

北京、天津、上海、江苏、浙江、广东、福建、山东和河北的参数 σ 分别为-0.0009、-0.0006、-0.0031、-0.0010、-0.0014、-0.0004、-0.0011、-0.0006以及-0.0004，系数值均小于零，符合地理距离衰减效应规律，即随着地理距离的扩大，先发省份的经济扩散效应强度会逐渐削弱。除广东外，其余各省的距离衰减系数估计值也都通过了1%的显著性水平检验。

人均资本存量、对外开放水平、技术进步以及人力资本水平均对后发省份人均实际GDP具有正向影响作用，各控制变量的估计系数基本在1%水平上显著，符合理论预期。其中，人均资本存量的估计系数最大，人均资本存量每增加1个单位后发省份人均实际GDP增加0.4个单位左右，表明各后发省份对于本省经济的发展更多的是依赖资本的积累，资本贡献度高。对外开放水平对后发省份人均实际GDP的正向作用仅次于人均资本存量，国内国际双循环格局的形成将加速后发省份的高质量发展。而受教育程度和技术进步对后发省份人均实际GDP的正向作用相较于其他控制变量而言相对较弱，这与后发省份自身内部教育与技术资源不充足有密切关系。教育是人力资源储备的一种表现形式，充足的教育资源会培养更多更优秀的人才，以此来带动后发省份内部经济自身的发展。现今后发省份更多的是承接先发省份的技术转移，还未形成自我的技术革新，因此对于大部分后发省份来说，通过技术革新带动经济提升迫在眉睫。

二、稳健性检验

非线性最小二乘法（NLS）估计的参数不包括输入输出变量随时间的变化关系，而且在估计参数时模型的形式是已知的。故此主要变量的选取与设计对参数估计的准确性起到至关重要的作用。为此，本部分采用替换指标的方式进行稳健性检验。同时，为了验证基准估计结果的可靠性，本节通过反事实检验进一步验证基准估计结果的稳健性。

（一）指标替换的稳健性检验

考虑到人均变量和宏观总量间的差异，本部分进行变量指标替换的方案包括：一是将被解释变量人均实际GDP替换为地区实际生产总值（GDP），同时将主要解释变量先发省份人均实际GDP也同步替换为地区实际GDP，估计结果如表4-3所示。二是将被解释变量人均实际GDP替换为单位地理面积GDP产出，同时将主要解释变量先发省份人均实际

GDP 也同步替换为单位地理面积 GDP 产出，估计结果如表 4-4 所示。地理面积 GDP 算法显示的是单位地理面积的经济密度，用于检验是否密集程度越高的省份，其经济扩散效应也越显著。

相较于表 4-2 的估计结果，表 4-3 的估计结果表明：人均实际 GDP 替换为地区实际 GDP 之后，先发省份对后发省份经济扩散效应的整体系数与个体系数的参数符号预期与基准估计结果基本一致且显著性较强，这表明基准估计结果的稳健性较强。同时，参数 σ 的估计结果变化不大，证明了地理距离衰减效应的稳健性。但需要解释的是，参数 φ 有所提升是因为地区实际 GDP 考察的是地区经济总量，而人均化处理的实际 GDP 一定程度低估了先发地区的经济总量影响力。

表 4-3 人均实际 GDP 替换为地区实际 GDP 的稳健性检验结果

变量	（1）整体	（2）北京	（3）天津	（4）上海	（5）江苏
φ	0.1079*** (0.0069)	0.5870*** (0.0620)	0.3749*** (0.0506)	0.6893*** (0.0600)	0.6913*** (0.0498)
σ	-0.0009*** (0.0001)	-0.0003*** (0.0001)	-0.0004*** (0.0001)	-0.0005*** (0.0001)	-0.0006*** (0.0001)
控制变量	Y	Y	Y	Y	Y
常数项	0.0279*** (0.0058)	0.0054 (0.0080)	0.0243*** (0.0070)	0.0146* (0.0077)	0.0247*** (0.0064)
N	620	620	620	620	620
变量	（6）浙江	（7）广东	（8）福建	（9）山东	（10）河北
φ	0.5277*** (0.0383)	0.7410*** (0.0204)	0.5620*** (0.0528)	0.7852*** (0.0740)	0.4487*** (0.0476)
σ	-0.0006*** (0.0001)	-0.0675 (0.0001)	-0.0005*** (0.0001)	-0.0006*** (0.0001)	-0.0004*** (0.0001)
控制变量	Y	Y	Y	Y	Y
常数项	0.0183*** (0.0064)	0.0313*** (0.0073)	0.0137** (0.0064)	0.0230*** (0.0066)	0.0080 (0.0074)
N	620	620	620	620	620

注：括号内数值为稳健标准误，*、**、***分别表示显著性水平为10%、5%、1%。

相较于表 4-2 的估计结果,表 4-4 的估计结果表明:除上海和浙江,所有先发省份的经济扩散效应皆有所减少但变化不大,这表明基准估计结果的稳健性较强。同时,参数 σ 的估计结果变化不大,证明了地理距离衰减规律的稳健性。值得注意的是,上海经济扩散效应个体系数由表 4-2 的 0.4161 上升到表 4-4 的 0.9420,增幅翻了一番,可见当考虑了地理面积因素,面积小且经济发展水平高的上海的经济扩散效应更加显著。表 4-2 与表 4-3 和表 4-4 的估计结果大致相同,因此从整体来看,采用人均实际 GDP 作为地区经济发展水平的代理变量是比较合理的。

表 4-4　人均实际 GDP 替换为单位地理面积 GDP 产出稳健性检验结果

变量	(1) 整体	(2) 北京	(3) 天津	(4) 上海	(5) 江苏
φ	0.0905*** (0.0167)	0.1458*** (0.0496)	0.1244*** (0.0282)	0.9420*** (0.0152)	0.2367*** (0.0588)
σ	-0.0053*** (0.0007)	-0.0005** (0.0002)	-0.0007** (0.0003)	-0.0156*** (0.0011)	-0.0012*** (0.0003)
控制变量	Y	Y	Y	Y	Y
常数项	-0.0218*** (0.0038)	-0.0353*** (0.0073)	-0.0309*** (0.0059)	-0.0182*** (0.0033)	-0.0283*** (0.0044)
N	620	620	620	620	620

变量	(6) 浙江	(7) 广东	(8) 福建	(9) 山东	(10) 河北
φ	0.2758*** (0.0765)	0.0371 (0.0367)	0.1445** (0.0632)	0.1591*** (0.0381)	0.0947*** (0.0290)
σ	-0.0018*** (0.0005)	-0.0001 (0.0002)	-0.0007** (0.0003)	-0.0007*** (0.0002)	-0.0005** (0.0002)
控制变量	Y	Y	Y	Y	Y
常数项	-0.0279*** (0.0045)	-0.0344*** (0.0069)	-0.0322*** (0.0052)	-0.0336*** (0.0061)	-0.0359*** (0.0065)
N	620	620	620	620	620

注:括号内数值为稳健标准误,*、**、*** 分别表示显著性水平为 10%、5%、1%。

(二)反事实检验

为了进一步验证非线性最小二乘法模型的可行性,本节进行了反事实检验。具体方案是将先发省份调整为随机选取的部分后发省份:新疆、云

南、海南、贵州、西藏、宁夏、广西和陕西,进而检验先发省份样本调整后扩散效应是否依然成立。估计结果如表4-5所示。

表4-5 先发省份对后发省份经济扩散效应的反事实检验估计结果

变量	(1) 新疆	(2) 云南	(3) 海南	(4) 贵州
φ	0.0004 (0.0007)	0.0223 (0.0387)	0.0493* (0.0291)	-0.0803*** (0.0161)
σ	0.0018*** (0.0005)	0.0004 (0.0004)	-0.0000 (0.0002)	-0.0016 (0.0013)
控制变量	Y	Y	Y	Y
常数项	-0.0024 (0.0051)	-0.0059 (0.0050)	-0.0089* (0.0047)	-0.0012 (0.0050)
N	620	620	620	620
变量	(5) 西藏	(6) 宁夏	(7) 广西	(8) 陕西
φ	-0.1688*** (0.0279)	0.0377 (0.0257)	0.0407* (0.0210)	0.0411 (0.0319)
σ	-0.0006** (0.0003)	0.0004 (0.0003)	0.0005** (0.0002)	0.0002 (0.0003)
控制变量	Y	Y	Y	Y
常数项	0.0099** (0.0046)	-0.0116*** (0.0044)	-0.0115*** (0.0044)	-0.0095** (0.0047)
N	620	620	620	620

注:括号内数值为稳健标准误,*、**、***分别表示显著性水平为10%、5%、1%。

表4-5的估计结果表明,将原有的先发省份调整为随机选取的后发省份之后,新疆、云南、宁夏、陕西经济扩散效应统计性不显著;贵州、西藏经济扩散效应显著为负不符合预期;海南、广西经济扩散效应显著性下降,验证了基准估计结果的稳健性。同时也表明,后发省份对其他省份并不具有经济扩散效应:如贵州、西藏,具有较为显著的极化效应(参数φ的估计结果均显著为负),需要通过集中周边资源的方式发展自身经济;如新疆、云南、宁夏、陕西,虽然参数φ的估计结果为正,但统计层面并不显著,说明此时这几个省份经济发展阶段正处于极化向扩散转变的过程

中,扩散效应略大于极化效应。据此可知,通过反事实检验得证非线性最小二乘法模型具有可行性。

第三节
地区层面先发省份对后发省份经济扩散效应的评价

就地区层面而言,地区内部不同省份之间存在经济发展水平差异,因此有必要估计地区内部先发省份对后发省份的经济扩散效应强度。前文已经对地区层面的先发省份进行了界定和遴选,本部分分别计量评价东部、中部、西部地区先发省份对后发省份的经济扩散效应。

一、东部地区先发省份对后发省份经济扩散效应的评价

由 2015~2019 年人均实际 GDP 莫兰散点图可知,上海处于第一象限,其经济发展水平相较于其他东部地区省份远远高于全国平均水平;北京处于第四象限,虽然周边省份经济发展水平较低,但是北京自身经济发展水平远远高于全国平均水平,加之国家政治中心的地位,其成为东部地区重要的先发省份。基于东部地区 11 个省份的面板数据,本部分以上海、北京作为东部地区省份的扩散源,结合前文计量模型,运用 NLS 非线性最小二乘法进行实证估计,结果如表 4-6 所示。

表 4-6 东部地区先发省份对后发省份经济扩散效应的估计结果

变量	(1) 整体	(2) 北京	(3) 上海
φ	0.2441*** (0.0514)	0.1644** (0.0703)	0.4565*** (0.0499)
σ	-0.0007*** (0.0002)	0.0000 (0.0001)	-0.0015*** (0.0004)
控制变量	Y	Y	Y

续表

变量	(1) 整体	(2) 北京	(3) 上海
常数项	-0.0553*** (0.0138)	-0.0533*** (0.0145)	-0.0195** (0.0090)
N	220	220	220

注：括号内数值为稳健标准误，*、**、***分别表示显著性水平为10%、5%、1%。

表4-6中列(1)报告了北京和上海对东部地区其他省份经济扩散效应的整体系数。列(1)的整体系数为0.2441，且在1%水平上显著，这表明北京和上海整体的人均实际GDP每提升1个单位能够带动东部地区其他省份的人均GDP提高0.2441个单位。据此可知，北京和上海对东部地区其他省份具有显著的扩散效应，且整体而言的经济扩散效应强度为0.2441。列(1)中参数σ的估计系数为-0.0007，且在1%的水平上显著，表明北京和上海整体对东部地区其他省份的经济扩散效应符合地理距离衰减效应规律，即经济扩散效应强度会随着地理距离的扩大而逐步削弱。

表4-6中列(2)和列(3)分别报告了北京和上海对东部地区其他省份经济扩散效应的个体系数。列(2)和列(3)的估计结果表明，北京、上海的扩散效应个体系数分别为0.1644、0.4565，且分别在5%、1%水平上显著。比较而言，上海经济扩散效应的统计显著性要强于北京，且上海经济扩散效应个体系数要大于北京。上海对东部地区其他省份的经济扩散效应强度接近北京的3倍，差异出现的原因可能与自身的城市定位相关：上海作为历史悠久的港口城市，经济往来频繁，国际经济大都会的定位使其专注于经济发展质量的提升；而北京同时兼具中国政治中心、经济中心和文化中心的多重职能，城市定位的复杂度较高，经济扩散效应受到非经济职能的影响。

北京和上海的参数σ的估计系数分别为0.0000、-0.0015，北京经济扩散效应的距离衰减规律并不具有统计意义上的显著性，而上海经济扩散效应符合地理距离衰减规律，即随着地理距离的扩大，上海的经济扩散效应强度会逐渐削弱。北京和上海各处我国东部地区的一南一北，其经济扩散效应的覆盖范围较好地囊括了东部地区大部分省份，形成四通八达的综合经济联络网，以此促使东部地区在各省份自身经济发展的基础上协同发

展,经济质量进一步提升。

二、中部地区先发省份对后发省份经济扩散效应的评价

由 2015~2019 年人均实际 GDP 莫兰散点图可知,在中部地区省份中,湖北是唯一一个经济发展水平高于全国平均经济发展水平的省份。基于中部地区 8 个省份的面板数据,本部分以湖北作为中部地区省份的扩散源,结合前文计量模型,运用 NLS 非线性最小二乘法进行计量估计,结果如表 4-7 所示。

表 4-7 中部地区先发省份对后发省份经济扩散效应的估计结果

变量	湖北
	整体系数与个体系数一致
φ	0.4797***
	(0.1329)
σ	-0.0000
	(0.0001)
控制变量	Y
常数项	0.0046
	(0.0109)
N	160

注:括号内数值为稳健标准误,*、**、*** 分别表示显著性水平为 10%、5%、1%。

由于仅设置了一个扩散源省份,故此表 4-7 中经济扩散效应的整体系数与个体系数是一致的。表 4-7 中 φ 的系数为 0.4797 且在 1% 水平上显著,这表明湖北的人均实际 GDP 每提升 1 个单位能够带动中部地区其他省份的人均 GDP 提高 0.4797 个单位。据此可知,湖北对中部地区其他省份具有显著的经济扩散效应。

表 4-7 中参数 σ 的估计系数为 -0.0000(该系数接近 0 但不为 0,由于保留小数点后四位数的原因,所以呈现出 0.0000 的数值),表明湖北对中部地区其他省份的经济扩散效应符合地理距离衰减效应规律,即经济扩散效应强度会随着地理距离的扩大而逐步削弱,但距离衰减效应在统计层面的显著性并不强。值得注意的是,若将研究样本拓展为全体省份,湖北经济扩散效应的个体系数 φ 为 -0.0144 且不存在统计显著性。这表明,就全

国视角而言，湖北经济扩散效应符合地理衰减效应规律。随着地理距离的增加，要素价格机制的作用使湖北的极化效应不断增强，其经济扩散效应会减弱。相较于中部地区其他省份，湖北的经济发展类型更偏向于第三产业服务业，东湖高新区的建成使湖北省的科技实力进一步提升，而科技作为第一生产力，同时促使湖北的经济实力略强于周边省份，可见湖北具有成为中部地区先发省份扩散源的实力。近年来，依托增长极培育推进中部地区崛起，是构建全国统一大市场、推动形成东、中、西部区域良性互动协调发展的客观需要，是优化国民经济结构、保持经济持续健康发展的战略举措。

三、西部地区先发省份对后发省份经济扩散效应的评价

由 2015~2019 年人均实际 GDP 莫兰散点图可知，西部地区省份中，重庆和内蒙古是经济发展水平高于全国平均经济发展水平的两个省份。但比较分析发现，内蒙古在 5 年间逐渐退出经济发展水平高于全国平均发展水平的第四象限，而重庆正在逐渐往第四象限内部移动。基于西部地区 12 个省份的面板数据，本部分以重庆作为西部地区省份的扩散源，结合前文计量模型，运用 NLS 非线性最小二乘法进行实证估计，结果如表 4-8 所示。

表 4-8　西部地区先发省份对后发省份经济扩散效应的估计结果

变量	重庆市
	整体系数与个体系数一致
φ	-0.1328**
	(0.0586)
σ	-0.0001
	(0.0001)
控制变量	Y
常数项	0.0343***
	(0.0115)
N	240

注：括号内数值为稳健标准误，*、**、*** 分别表示显著性水平为 10%、5%、1%。

由于仅设置了一个扩散源省份，故此表 4-8 中经济扩散效应的整体系数与个体系数是一致的。表 4-8 中 φ 的系数为 -0.1328 且在 5% 水平上显

著,这表明重庆对西部地区其他省份的经济发展不具有带动作用,负值的扩散效应在一定程度上意味着重庆对西部地区其他省份可能还具有外化为经济集聚现象的极化效应。虽然西部大开发战略的大力实施,中央对西部地区的财政转移和政策资源倾斜在不断强化,但西部地区省份自身发展的比较劣势不足以支持重庆形成较强的经济扩散效应。特别是,重庆地处西南地区,离东部先发省份较远,交通运输成本高,不可能依靠先发省份的经济扩散效应形成"承接"效应进而带动西部地区其他省份的经济发展,因此重庆势必会吸纳周边省份资源进而发展自我经济实力,这也是地区经济发展的一个必要过程,让具有相对比较优势的地区优先发展起来,以形成增长极从而再带动周边地区经济。此外,西部地区多高山的地形地貌也在一定程度上会阻碍省份之间的经济联系与交流,因此西部地区的经济发展还需要长远的多维规划。当前和今后一段时期,是西部地区深化改革、扩大开放、加快发展的重要战略机遇期。要重点抓好基础设施和生态环境建设;积极发展有特色的优势产业,推进重点地带开发;发展科技教育,培育和用好各类人才;国家要在投资项目、税收政策和财政转移支付等方面加大对西部地区的支持,逐步建立长期稳定的西部开发资金渠道;着力改善投资环境,引导外资和国内资本参与西部开发;西部地区要进一步解放思想,增强自我发展能力,在改革开放中走出一条加快发展的新路。

第四节
区域异质性视角下省际经济扩散效应的计量评价

前文主要基于全国和地区层面计量评价先发省份对后发省份经济扩散效应的整体系数和个体系数,主要关注先发省份的经济发展是否对后发省份具有带动作用。本部分进一步计量估计全国层面先发省份内部各省份的经济扩散效应个体系数以及全国层面后发省份内部各省份的经济扩散效应个体系数。

一、全国层面先发省份内部省际经济扩散效应的评价

本部分基于全国层面先发省份样本，计量评价样本内单个省份对其他省份的经济扩散效应个体系数，以观察全国层面先发省份内部之间是否存在省际间的经济扩散效应。进一步，可以比较分析哪些省份在承接经济扩散效应方面具有优势，并为省际经济扩散效应的强化提供科学依据。表 4-9 报告了全国层面先发省份内部各省份经济扩散效应个体系数的估计结果。

表 4-9　全国层面先发省份内部省际经济扩散效应个体系数的估计结果

变量	（1）	（2）	（3）	（4）	（5）
	北京	天津	上海	江苏	浙江
φ	0.1950**	0.1474***	0.4062***	0.4691***	0.4486***
	（0.0959）	（0.0525）	（0.0261）	（0.0775）	（0.0662）
σ	0.0003	0.0002	-0.0059***	-0.0005***	-0.0006***
	（0.0002）	（0.0001）	（0.0013）	（0.0001）	（0.0001）
控制变量	Y	Y	Y	Y	Y
常数项	-0.0151	-0.0139	0.0522***	-0.0253**	-0.0230*
	（0.0158）	（0.0140）	（0.0120）	（0.0125）	（0.0122）
N	180	180	180	180	180

变量	（6）	（7）	（8）	（9）
	广东	福建	山东	河北
φ	0.3122***	0.4262***	0.2066***	0.1720***
	（0.0544）	（0.0786）	（0.0605）	（0.0512）
σ	-0.0001	-0.0003**	0.0002	0.0003**
	（0.0001）	（0.0001）	（0.0001）	（0.0001）
控制变量	Y	Y	Y	Y
常数项	-0.0242	-0.0134	-0.0183	-0.0147
	（0.0154）	（0.0125）	（0.0138）	（0.0131）
N	180	180	180	180

注：括号内数值为稳健标准误，*、**、*** 分别表示显著性水平为 10%、5%、1%。

表 4-9 中列（1）~列（9）的 φ 系数均为正，且除北京外其他省份在 1%水平上显著。这表明，在全国层面先发省份内部，单个先发省份均对其他

区际经济扩散效应的形成机制、计量评价与强化策略

先发省份形成了经济扩散效应，具有统计显著性的经济辐射带动作用。其中，φ 系数大于 0.4 的省份分别是江苏(0.4691)、浙江(0.4486)、福建(0.4262)和上海(0.4062)，位于先发省份间经济扩散效应强度的第一序列；φ 系数处于 $0.2 < \varphi < 0.4$ 区间的省份分别是山东(0.2066)与广东(0.3122)，位于先发省份间经济扩散效应强度的第二序列；φ 系数小于 0.2 的省份分别是天津(0.1474)、河北(0.1720)、北京(0.1950)，位于先发省份间经济扩散效应强度的第三序列。

上述计量评价结果表明，经济强省之间可能基于一些经济微观要素的沟通与交流机制，协同"共寻"经济高质量发展道路，形成综合"经济联络网"。"经济联络网"交错覆盖之处，部分后发省份也会得益于此，获得经济进一步发展的资源或者优势信息。通过表 4-9 与表 4-2 的比较分析发现，先发省份中除天津、上海与山东外，其余先发省份对其他先发省份的经济扩散效应个体系数均明显高于先发省份对后发省份经济扩散效应个体系数，尤其是江苏、浙江和广东三个省份，个体系数提升了 2 倍多。

就地理差异而言，南方地区先发省份的经济发展水平相对要优于北方地区先发省份，而且南方地区先发省份对周边先发省份的经济扩散效应强度明显大于北方地区先发省份对周边先发省份的经济扩散效应强度，上海、江苏以及浙江的经济扩散效应个体系数值是北京、天津以及河北经济扩散效应个体系数值的 3 倍，这与双方长期以来的经济定位以及产业发展结构有关，上海、江苏和浙江三个地区 2022 年第三产业增加值平均为 45769.97 亿元，而北京、天津和河北 2022 年两市一省的第三产业增加值平均为 21934.53 亿元①，相较于其他先发省份来说，经济发展实力相对不足。

此外，从地理衰减系数值的角度探讨，只有上海、江苏、浙江和福建完全符合地理距离衰减定律，即随着地理阈值的增加，经济扩散效应强度不断减弱，而北京、天津、山东、广东和河北的地理距离衰减效应系数并不符合预期，皆不符合地理衰减定律。

二、全国层面后发省份内部省际经济扩散效应的评价

后发省份虽然自身经济发展水平相对较弱，但是部分后发省份的经济

---

① 资料来源于各省份 2022 年国民经济和社会统计公报。

第四章 先发省份对后发省份经济扩散效应的计量评价

发展水平要高于其他后发省份,因此后发省份间也会存在经济扩散效应。本部分基于全国层面的后发省份样本,计量评价样本内单个省份对其他省份的经济扩散效应的个体系数,以观察全国层面后发省份内部之间是否存在省际间的经济辐射带动作用。进一步,可以比较分析哪些省份在承接经济扩散效应方面具有优势,并为省际经济扩散效应的强化提供科学依据。表4-10报告了全国层面后发省份内部各省份经济扩散效应个体系数的估计结果。

表4-10 全国层面后发省份内部省际经济扩散效应个体系数的估计结果

省份	经济扩散效应系数(φ)	地理衰减效应系数(σ)
山西	0.2182 *** (0.0692)	-0.0006 *** (0.0002)
内蒙古	0.3025 *** (0.0491)	-0.0007 *** (0.0001)
辽宁	0.3059 *** (0.0424)	-0.0004 *** (0.0000)
吉林	0.2435 *** (0.0452)	-0.0003 *** (0.0001)
黑龙江	0.2439 *** (0.0462)	-0.0002 *** (0.0000)
安徽	-0.0132 (0.0619)	0.0006 (0.0014)
江西	0.0252 (0.0976)	-0.0002 (0.0008)
河南	0.1436 (0.0945)	-0.0010 (0.0006)
湖北	-0.0144 (0.0766)	0.0005 (0.0016)
湖南	0.0404 (0.0808)	-0.0002 (0.0005)
广西	0.0539 (0.0560)	0.0003 (0.0002)

续表

省份	经济扩散效应系数(φ)	地理衰减效应系数(σ)
海南	0.0338 (0.0721)	0.0003 (0.0004)
重庆	0.0045 (0.0766)	0.0006 (0.0052)
四川	0.0117 (0.0837)	0.0005 (0.0019)
贵州	-0.0873 (0.1142)	-0.0001 (0.0003)
云南	-0.0797 (0.0373)	-0.0007 (0.0023)
西藏	-0.1245 (0.0539)	-0.0005 (0.0008)
陕西	0.0821 (0.0831)	-0.0007 (0.0008)
甘肃	0.0642 (0.0587)	0.0001 (0.0002)
青海	0.0706 (0.0492)	0.0001 (0.0002)
宁夏	0.1079 (0.0670)	-0.0003 (0.0002)
新疆	0.0443 (0.0653)	0.0001 (0.0002)

注：括号内数值为稳健标准误，*、**、*** 分别表示显著性水平为10%、5%、1%。

在表4-10中，在全国层面后发省份内部，单个后发省份均对其他后发省份形成经济扩散效应的省份分别是山西、内蒙古、辽宁、吉林、黑龙江，其 φ 系数分别为0.2182、0.3025、0.3059、0.2435、0.2439，且均在1%水平上显著。这5个省份的 σ 系数均在1%水平上显著为负，表明山西、内蒙古、辽宁、吉林、黑龙江的经济扩散效应强度完全符合地理距离衰减定律，即随着地理距离的增加，经济扩散效应强度不断减弱。

在只考虑后发省份样本的情况下，部分后发省份，如重庆、四川、湖南、江西等，其经济扩散效应以及地理衰减效应并不显著。究其原因，一方面，控制样本时间还较短，不能够很好地体现以上省份的扩散作用；另一方面，上述省份目前正处于极化效应向扩散效应的转变过程中，只是这时的扩散效应可能略大于极化效应，所以对周边省份的经济带动作用还不明显。湖北、安徽、贵州等省份的经济扩散效应个体系数为负数，且统计意义上并不显著，说明这几个省份在样本测算时间范围内极化效应大于扩散效应，当前的经济发展还需要依靠对周边省份经济要素的集聚。

第五节 先发省份对后发省份经济扩散效应的地理距离衰减规律检验

前文已经证实先发省份对后发省份具有明显的经济扩散效应，并且经济扩散效应强度随着地理距离的增加而有所减少。本部分主要研究经济扩散效应系数与地理距离阈值之间的关系。

一、递进式地理距离阈值设定的衰减规律检验

递进式地理距离阈值设定是指以 150 千米为边际增幅，以 150 千米为基准阈值，形成等量递进的距离阈值集合。进而，针对集合中的每一个距离阈值均进行先发省份对后发省份经济扩散效应整体与个体系数的估计，估计结果如表 4-11 所示。在地理距离权重设计中，利用省会城市的中心坐标，结合地球经纬度，计算出省际间的地理距离（单位：千米）。在最终的测量结果中，笔者发现中国南北距离最远 3236 千米（以省域为距离，不包含南沙群岛），东西走向距离 3579 千米（不包含港澳台地区），两个省份最短距离在 108 千米。因此，可以选取最远的东西走向为总的距离范围，以 150 千米为计算起步值，每 150 千米对各先发省份回归一次，并依次记录各先发省份的扩散效应系数估计值 φ 及其统计显著性。

表 4-11 递进式地理距离阈值设定的衰减效应检验结果

距离阈值(千米)	整体	北京	天津	上海	江苏
<150		0.6908***	0.4657***	0.6320***	0.6041***
<300		−0.0038	0.3676***	0.3600***	0.2286***
<450		−0.0434	0.3676***	0.4819***	0.2286***
<600		−0.0434	0.3084***	0.4819***	0.3320***
<750		−0.0139	0.1645***	0.4537***	0.2718***
<900		1.1073***	0.2377***	0.4594***	0.1787***
<1050	−1.62e^{06}	1.0154***	0.2391***	0.4322***	0.2093***
<1200	−0.0347	0.2099***	0.2389***	0.4333***	0.2021***
<1350	0.2391***	0.2482***	0.2487***	0.4039***	0.2207***
<1500	0.2519***	0.2415***	0.2328***	0.4113***	0.2348***
<1650	0.1960***	0.2029***	0.2338***	0.4164***	0.2528***
<1800	0.0389***	0.2059***	0.2338***	0.4125***	0.2512***
<1950	0.1848***	0.6972***	0.2076***	0.4157***	0.2512***
<2100	0.1924***	0.6750***	0.2132***	0.4155***	0.2512***
<2250	0.1924***	0.6750***	0.2102***	0.4155***	0.2512***
<2400	0.1886***	0.6534***	0.2102***	0.4155***	0.2512***
<2550	0.1886***	0.1767***	0.2086***	0.4155***	0.2512***
<2700	0.1897***	0.1812***	0.2092***	0.4155***	0.2473***
<2850	0.1902***	0.1812***	0.2092***	0.4155***	0.2473***
<3000	0.1904***	0.1812***	0.2092***	0.4160***	0.2473***
<3150	0.1904***	0.1812***	0.2092***	0.4160***	0.2473***
<3300	0.1904***	0.1812***	0.2092***	0.4161***	0.2393***
<3450	0.1904***	0.1812***	0.2092***	0.4161***	0.2393***
<3600	0.1904***	0.1812***	0.2092***	0.4161***	0.2393***

距离阈值(千米)	浙江	广东	福建	山东	河北
<150	0.5234***	0.4579***	0.5569***	0.3778***	0.2223***
<300	0.3913***	0.4579***	0.5569***	−0.1015	0.0000
<450	0.3064***	0.4579***	0.6097***	0.1649**	0.0333
<600	0.2806***	0.2847***	−0.1305	0.0809	0.0333
<750	0.2977***	0.2484***	0.1921**	0.1433***	0.1629***
<900	0.3135***	0.2241***	0.1921***	0.1993***	0.1456***
<1050	0.2085***	0.1657***	0.1921***	0.2284***	0.1694***
<1200	0.2623***	−0.0430	0.2219***	0.2198***	0.2008***

续表

距离阈值(千米)	浙江	广东	福建	山东	河北
<1350	0.2546***	0.0582	0.2981***	0.2169***	0.1917***
<1500	0.2342***	0.0582	0.1973***	0.2348***	0.1815***
<1650	0.2513***	0.0554	0.2072***	0.2171***	0.1813***
<1800	0.2561***	0.0361	0.1885***	0.2221***	0.1595***
<1950	0.2687***	0.0644*	0.2077***	0.2235***	0.1607***
<2100	0.2687***	0.0644*	0.2333***	0.2217***	0.1625***
<2250	0.2687***	0.0644*	0.2333***	0.2217***	0.1625***
<2400	0.2687***	0.0652**	0.2327***	0.2217***	0.1648***
<2550	0.2687***	0.0652**	0.2327***	0.2203***	0.1648***
<2700	0.2687***	0.0721***	0.2327***	0.2157***	0.1648***
<2850	0.2665***	0.0700***	0.2341***	0.2157***	0.1648***
<3000	0.2665***	0.0700***	0.2341***	0.2157***	0.1648***
<3150	0.2665***	0.0700***	0.2341***	0.2157***	0.1648***
<3300	0.2622***	0.0723***	0.2341***	0.2157***	0.1648***
<3450	0.2622***	0.0723***	0.2341***	0.2157***	0.1648***
<3600	0.2622***	0.0723***	0.2323***	0.2157***	0.1648***

注：括号内数值为稳健标准误，*、**、*** 分别表示显著性水平为10%、5%、1%。

经济扩散效应的整体系数表明：1350千米阈值以内，经济扩散效应的 φ 估计值无法通过统计方法测算，这与样本的分散布局是密不可分的。当距离阈值大于和等于1350千米时，φ 系数估计值由0.2391下降至0.1904，且均在1%水平上显著。这表明，我国先发省份对其他省份的经济扩散效应呈现显著的距离衰减效应规律，即随着地理距离的不断扩大，先发省份对其他省份的经济扩散效应强度在不断下降。然而，这种下降的趋势并不是平滑的曲线，而是呈现一种非线性的下降规律。

就个体系数而言，省际经济扩散效应走势表现出两种类型：

(一) 经济扩散效应强度平滑式递减型

该类型包括上海、天津、江苏和浙江，根据地理距离阈值区间可将其划分为三个阶段：一是0~150千米的距离区间，先发省份经济扩散效应非常显著且强度最大；二是150~750千米的距离区间，先发省份经济扩散效应的强度出现一定幅度下滑，但平均强度依然较高、波动性较强；三是

750 千米以上的距离区间，先发省份经济扩散效应的强度趋向平稳，但强度不如前两个区间。

上海经济扩散效应的个体系数表明：上海对位于距其 150~300 千米区间的省份具有一定的极化效应，在该区间内 φ 系数估计值由 0.6320 下降至 0.3600。当距离阈值大于和等于 450 千米时，φ 系数估计值由 0.4819 下降至 0.4161，且均在 1% 水平上显著。这表明，上海对其他省份的经济扩散效应呈现显著的距离衰减效应规律，但同时也说明上海的经济扩散效应强度较高，因为随着地理距离的增大，经济扩散效应强度下降的幅度较低。

天津经济扩散效应的个体系数表明：天津的经济扩散效应强度与地理距离之间呈现显著的负向线性关系。随着地理距离阈值的增大，φ 系数估计值由 0.4657 下降至 0.2092，且均在 1% 水平上显著。这表明，天津对其他省份的经济扩散效应呈现显著的距离衰减效应规律。

江苏经济扩散效应的个体系数表明：江苏对近距离其他省份的经济扩散效应强度显著较高，当地理距离小于 150 千米时，φ 系数估计值为 0.6041 且在 1% 水平上显著。当地理距离大于 150 千米时，江苏的经济扩散效应强度基本保持稳定状态，φ 系数估计值由 0.2286 调整至 0.2393。

浙江经济扩散效应的个体系数表明：浙江对其他省份的经济扩散效应符合距离衰减效应规律，但经济扩散效应强度下降的趋势具有阶段性特征。当地理距离小于 150 千米时，经济扩散效应强度最大，φ 系数估计值为 0.5234 且在 1% 水平上显著。当地理距离位于 150~900 千米区间，φ 系数估计值为 0.3 左右且在 1% 水平上显著。当地理距离大于 1200 千米时，φ 系数估计值为 0.25 左右且在 1% 水平上显著。

（二）经济扩散效应强度跳跃式递减型

该类型包括北京、广东、福建、山东和河北，根据趋势可以划分为三种类型：一是北京、山东和河北，其特点是在 300~750 千米范围内的距离区间，先发省份对后发省份呈现一定程度的极化效应，而 750 千米以上距离区间先发省份经济扩散效应的强度趋向平稳；二是广东，其特点是在 1200~1800 千米范围内的距离区间，先发省份对后发省份经济扩散效应并不显著，而 1800 千米以上距离区间先发省份经济扩散效应的强度趋向平稳；三是福建，其特点是在 600~1050 千米范围内距离区间先发省份经济扩散效应存在但强度下滑明显，而 1050 千米以上距离区间先发省份经济扩

散效应的强度趋向平稳。

北京经济扩散效应的个体系数表明：150千米阈值以内，北京的经济扩散效应个体系数为0.6908，且在1%水平上显著。在150~900千米区间内，北京的经济扩散效应并不存在统计显著性，且系数为负，可能表现为对周边地区的经济虹吸效应，即存在极化效应。当距离阈值大于和等于900千米时，φ系数估计值由1.1073下降至0.1812，且均在1%水平上显著。这表明，北京对其他省份的经济扩散效应呈现显著的距离衰减效应规律。

广东经济扩散效应的个体系数表明：广东对近距离省份的经济扩散效应强度相对较高，且呈现显著的距离衰减效应规律。当地理距离小于1050千米时，φ系数估计值由0.4579下降至0.1657，且在1%水平上显著。当地理距离位于1050~1800千米区间，φ系数估计值均不具备统计显著性，可能存在一定程度的极化效应。当地理距离大于1800千米，φ系数估计值为0.07左右且至少在10%水平上显著。

福建经济扩散效应的个体系数表明：福建对近距离省份的经济扩散效应强度相对较高。当地理距离小于300千米时，φ系数估计值为0.5569且在1%水平上显著；当地理距离扩大至450千米范围时，φ系数估计值为0.6097且在1%水平上显著。随地理距离的不断扩大，距离衰减效应规律依然存在，但不同的是阶段性明显。当地理距离位于750~1800千米区间内，φ系数估计值为0.19左右。当地理距离大于1800千米，φ系数估计值为0.23左右且在1%水平上显著。

山东经济扩散效应的个体系数表明：随着地理距离的扩大，山东的经济扩散效应强度呈现出"U"型趋势。当地理距离小于150千米时，φ系数估计值为0.3778且在1%水平上显著；当地理距离位于150~900千米区间，φ系数估计值相对较小甚至为负数，部分统计显著性不强；当地理距离大于900千米，φ系数估计值为0.21左右且在1%水平上显著。

河北经济扩散效应的个体系数表明：河北的经济扩散效应强度趋势与山东基本一致。当地理距离小于150千米时，φ系数估计值为0.2223且在1%水平上显著；当地理距离位于150~1200千米区间，φ系数估计值相对较小，部分统计显著性不强；当地理距离大于1050千米，φ系数估计值为0.16左右且在1%水平上显著。

综上所述，可以发现如下规律：其一，先发省份对近距离省份的经济

扩散效应强度较高。在750千米范围以内，各先发省区对后发省份均表现出显著的经济扩散效应，且扩散效应强度相对较高。但值得注意的是，一般150千米范围内先发省份的经济扩散效应非常显著，而在150~750千米区间可能存在一定程度的极化效应。在该区间内，产业转移和资源集聚的形成与演化作用凸显。一般而言，经济扩散效应表现为先发省份正处于产业结构转型升级时期，需要将一些传统密集型产业转移到成本较低的周边地区；而经济极化效应表现为后发省份的要素和资源在一定程度上向先发省份的集聚。其二，当距离阈值设置在750~1350千米范围内时，各先发省份的经济扩散效应整体系数基本下降了0.1左右，变动幅度增大。其中，在750~1050千米范围内大部分先发省份的经济扩散效应都有一个抬升的阶段，说明在这个范围内先发省份对后发省份的经济扩散作用远远大于经济的集聚效应。其三，当距离阈值设置在大于1350千米，所有先发省份的扩散效应变化减缓，几乎趋于直线水平。

二、基于1350千米阈值的经济扩散效应比较分析

由前文可知，先发省份的经济扩散效应是受到地理距离限制的，而非全域的，在1350千米以内，先发省份的经济扩散效应较为显著的存在；在1350千米以外，先发省份的经济扩散效应强度会显著减弱。因此，本部分以1350千米为截断点，对1350千米范围内的区域样本进行非线性最小二乘法回归，以检验该范围内扩散效应是否会加强，检验结果如表4-12所示。

表4-12 基于1350千米阈值的经济扩散效应强度比较分析结果

变量	（1）整体	（2）北京	（3）天津	（4）上海	（5）江苏
φ	0.2391*** (0.0244)	0.2482*** (0.0588)	0.2487*** (0.0343)	0.4039*** (0.0246)	0.2207*** (0.0472)
σ	-0.0063*** (0.0012)	-0.0009** (0.0004)	-0.0006*** (0.0001)	-0.0052*** (0.0010)	-0.0007*** (0.0002)
控制变量	Y	Y	Y	Y	Y
常数项	0.0013 (0.0073)	0.0031 (0.0066)	0.0069 (0.0061)	0.0157* (0.0092)	-0.0034 (0.0068)
N	180	420	400	340	400

第四章 先发省份对后发省份经济扩散效应的计量评价

续表

变量	(6) 浙江	(7) 广东	(8) 福建	(9) 山东	(10) 河北
φ	0.2546*** (0.0466)	0.0582 (0.0397)	0.2981*** (0.0671)	0.1696*** (0.0565)	0.1392** (0.0583)
σ	-0.0011*** (0.0003)	0.0005 (0.0003)	-0.0008*** (0.0002)	-0.0008 (0.0005)	-0.0007 (0.0005)
控制变量	Y	Y	Y	Y	Y
常数项	-0.0116 (0.0073)	-0.0200*** (0.0070)	-0.0177*** (0.0061)	0.0097 (0.0062)	0.0047 (0.0059)
N	360	340	320	440	460

注：括号内数值为稳健标准误，*、**、*** 分别表示显著性水平为 10%、5%、1%。

相较于前文不限定阈值的基准估计结果，表 4-12 中先发省份对后发省份经济扩散效应的整体与个体系数普遍有所提升（上海、江苏和山东个体系数除外），表明在 1350 千米以内先发省份的经济扩散效应强度更高。就整体系数而言，φ 系数估计值为 0.2391 且在 1% 水平上显著，显著高于表 4-2 估计结果中的 0.1899；σ 系数估计值为 -0.0063 且在 1% 的水平上显著，符合距离衰减效应规律，该估计值的绝对值显著低于表 4-2 中的估计值的绝对值，表明在 1350 千米以内先发省份的经济扩散效应强度衰减效应较弱。

就个体系数而言，北京的 φ 系数估计值为 0.2482 且在 1% 水平上显著，显著高于表 4-2 估计结果中的 0.1812，σ 系数估计值为 -0.0009 且在 5% 的水平上显著，与表 4-2 中的估计值保持一致；天津的 φ 系数估计值为 0.2487 且在 1% 水平上显著，显著高于表 4-2 估计结果中的 0.2092，σ 系数估计值为 -0.0006 且在 1% 的水平上显著，与表 4-2 中的估计值保持一致；上海的 φ 系数估计值为 0.4039 且在 1% 水平上显著，与表 4-2 中的估计结果（0.4161）基本持平，σ 系数估计值为 -0.0052 且在 1% 的水平上显著，与表 4-2 中的估计值基本持平；江苏的 φ 系数估计值为 0.2207 且在 1% 水平上显著，略低于表 4-2 中的估计结果（0.2393），σ 系数估计值为 -0.0007 且在 1% 的水平上显著，与表 4-2 中的估计值基本持平；浙江的 φ 系数估计值为 0.2546 且在 1% 水平上显著，略低于表 4-2 中的估计结果（0.2622），σ 系数估计值为 -0.0011 且在 1% 的水平上显著，与表 4-2 中的估计值基本持平；广东的 φ 系

数估计值为 0.0582,略低于表 4-2 中的估计结果(0.0723);福建的 φ 系数估计值为 0.2981 且在 1% 水平上显著,显著高于表 4-2 估计结果中的 0.2323,σ 系数估计值为-0.0008 且在 1% 的水平上显著,符合距离衰减效应规律;山东的 φ 系数估计值为 0.1696 且在 1% 水平上显著,略低于表 4-2 中的估计结果(0.2157),σ 系数估计值为-0.0008,与表 4-2 中的估计值基本持平;河北的 φ 系数估计值为 0.1392 且在 1% 水平上显著,略低于表 4-2 中的估计结果(0.1648),σ 系数估计值为-0.0007,与表 4-2 中的估计值基本持平。

三、基于 750~1200 千米阈值的经济扩散效应比较分析

前文分析发现,各先发省份对后发省份的经济扩散效应强度在 750~1200 千米范围内大部分呈现骤减的趋势,因此有必要设置 750~1200 千米的距离阈值为截断点,测算在此区间内先发省份对后发省份经济扩散效应的整体与个体系数,并探究 750~1200 千米区间内扩散效应走势的成因。估计结果如表 4-13 所示。

表 4-13 基于 750~1200 千米阈值的经济扩散效应强度比较分析结果

变量	(1) 北京	(2) 天津	(3) 上海	(4) 江苏	(5) 浙江
φ	0.0047 (0.0359)	0.0775 (0.0604)	-0.0100 (0.0561)	0.0541 (0.0458)	0.3244* (0.1838)
σ	0.0025 (0.0058)	0.0007 (0.0007)	0.0019 (0.0041)	0.0010 (0.0007)	-0.0006 (0.0006)
控制变量	Y	Y	Y	Y	Y
常数项	-0.0218*** (0.0070)	-0.0078 (0.0080)	-0.0081 (0.0096)	-0.0021 (0.0115)	-0.0165 (0.0113)
N	200	180	140	160	160
变量	(6) 广东	(7) 福建	(8) 山东	(9) 河北	(10)
φ	-0.1877 (0.1181)	4.64e-58 (.)	1.0e+07 (.)	0.2437** (0.1080)	
σ	-0.0008 (0.0008)	0.1086 (0.1259)	-0.0237*** (0.0002)	-0.0006 (0.0004)	
控制变量	Y	Y	Y	Y	

续表

变量	(6) 广东	(7) 福建	(8) 山东	(9) 河北	(10)
常数项	0.0100 (0.0081)	0.0326 (0.0222)	0.0078 (0.0068)	-0.0172* (0.0095)	
N	140	80	180	220	

注：括号内数值为稳健标准误，*、**、***分别表示显著性水平为10%、5%、1%。

由表4-13可知，除浙江和河北呈现统计显著的正向经济扩散效应外，其余先发省份在750~1200千米阈值区间内的经济扩散效应皆不显著，甚至上海和广东呈现负值。浙江省的φ系数估计值为0.3244且在10%水平上显著，显著高于表4-2中的估计结果(0.2622)。河北省的φ系数估计值为0.2437且在5%水平上显著，显著高于表4-2中的估计结果(0.1648)。

相较于表4-11，在每150千米回归一次的扩散效应系数值的比较下，大部分先发省份的经济扩散效应强度皆被削弱，某种程度上说明了距离阈值的设定对经济的扩散力度影响较大。而且通过先发省份以"点对点"形成的扩散效应强度会大于先发省份对一片区域范围省份的经济扩散，如上海在每150千米回归的结果中经济扩散效应的φ系数估计值皆为正，且符合距离阈值衰减定律；当研究上海对750~1200千米范围内后发省份整体的扩散效应时，φ系数估计值变成负数，说明上海市在750~1200千米区间内对后发省份的经济发展水平极化效应要略大于扩散效应，但有向扩散效应转变的趋势。

第六节 本章小结

改革开放以来，增长极理论在我国区域经济发展战略的制定与实施中得到了实际应用。该战略的运用意在通过极化效应使先发省份成为增长极，然后发挥其扩散效应带动后发省份的发展，进而实现我国区域的协同发展。强化先发省份对后发省份的经济扩散效应，是目前我国应对区域发展不平衡、不充分的重要路径。本章分别遴选出全国层面与地区层面的先发省份，进而基于2000~2019年的省级面板数据，运用引入空间地理权重矩阵的非线性最小二乘法(NLS)，评价了全国层面与地区层面我国先发省份对后发省份的扩散效应及其区域异质性差异，同时对评价结果进行了稳健性检验。此外，量化检验了先发省份对后发省份经济扩散效应的地理衰减规律。

本章的主要研究发现：

其一，就全国层面而言，先发省份对后发省份呈现显著的经济扩散效应，其中上海、浙江、江苏对后发省份的经济扩散效应强度较高，而广东、河北、北京对后发省份的经济扩散效应强度较弱。

其二，就地区层面而言，中部地区内先发省份对后发省份的经济扩散效应强度高于东部地区内先发省份对后发省份的经济扩散效应强度，西部地区内先发省份对后发省份依然存在较为显著的极化效应。

其三，就区域异质性而言，全国层面先发省份内部存在较为显著的经济扩散效应，其中江苏、浙江、福建、上海的扩散效应强度较高；全国层面后发省份内部亦存在较为显著的经济扩散效应，其中辽宁、内蒙古、吉林、黑龙江的扩散效应强度较高。

其四，先发省份对后发省份的经济扩散效应符合地理距离衰减规律，形成了平滑式和跳跃式两种类型，且地理距离衰减规律存在阈值差异，其中1350千米阈值内省际经济扩散效应更为显著，750~1200千米阈值区间内省际经济扩散效应依然受到极化效应的干扰。

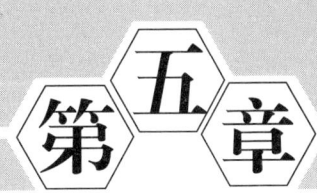

中心城市对周边城市经济扩散效应的计量评价

中心区从外围区吸聚生产要素产生出大量的创新,这一创新又源源不断地从中心区向外扩散,引导外围区的经济活动、社会文化结构的转换,从而促进整个空间系统的发展。

——中心—外围理论的基本观点(Friedman,1966)《区域发展政策》

在城际维度下，发达地区对欠发达地区的经济扩散效应表现为城市群内部中心城市对周边城市的经济发展带动作用。本章构建引入空间距离指数的评价模型，利用非线性最小二乘法估算我国八大城市群中心城市对周边城市经济扩散效应的整体系数和个体系数，并结合调整系数进行特征与比较分析。同时通过设置距离阈值，检验中心城市对周边城市经济扩散强度的距离衰减规律，以考察中心城市对周边城市经济扩散效应的最优阈值。

第一节 计量评价方案设计

如何量化评价中心城市对周边城市的经济扩散效应，一直以来是学术界关注的焦点问题。虽然探讨城际经济带动作用的测度方案较为丰富，但主要是基于对空间计量模型的运用。然而，现有的 SLM、SEM、SDM、SDEM、GSAR 等模型存在一个普遍的不足，那就是只能测算出整体效应（即城市群整体溢出效应），不能够测算出个体效应（即单个中心城市的经济扩散效应）。针对这一不足，本章构建引入空间距离指数的评价模型，利用非线性最小二乘法（NLS）估算中心城市对周边城市经济扩散效应的整体系数和个体系数。

一、研究样本选取

考虑到 2019 年新冠疫情对数据质量的影响，本部分将研究样本的数据集设定为 2002~2018 年八大城市群中主要中心城市与重要节点城市的面板数据。八大城市群包括京津冀、长江中游、长三角、中原、珠三角、成渝、关中、哈长。其中，中心城市与重要节点城市的选取主要参考国家关于八大城市群的发展规划文件，具体内容如表 5-1 所示。

表 5-1　八大城市群中心城市与重要节点城市信息

城市群 （国务院批复时间）	中心 城市	节点城市
长江中游城市群 （2015年3月26日）	长沙 南昌 武汉	池州、六安、合肥、铜陵、马鞍山、芜湖、安庆、黄山、景德镇、萍乡、九江、新余、鹰潭、宜春、上饶、吉安、抚州、黄石、荆州、襄阳、鄂州、荆门、孝感、黄冈、咸宁、株洲、湘潭、衡阳、岳阳、常德、益阳、郴州、娄底
珠江三角洲城市群 （2015年9月29日）	广州 深圳	珠海、佛山、惠州、东莞、中山、江门、肇庆
哈长城市群 （2016年2月23日）	哈尔滨 长春	吉林、四平、辽源、松原、齐齐哈尔、牡丹江、大庆、绥化
成渝城市群 （2016年4月12日）	成都 重庆	自贡、泸州、德阳、绵阳、遂宁、乐山、南充、宜宾、广安、达州、资阳、眉山、雅安
长江三角洲城市群 （2016年5月22日）	上海 南京 杭州 合肥	无锡、常州、苏州、南通、盐城、扬州、镇江、泰州、嘉兴、湖州、舟山、金华、绍兴、台州、宁波、宣城、滁州、池州、铜陵、芜湖、安庆、马鞍山
中原城市群 （2016年12月28日）	郑州	邯郸、邢台、长治、晋城、运城、宿州、阜阳、蚌埠、淮北、亳州、聊城、菏泽、安阳、濮阳、三门峡、南阳、信阳、驻马店
关中平原城市群 （2018年1月9日）	西安	铜川、宝鸡、渭南、商洛、天水、平凉、庆阳
京津冀城市群 （2018年11月18日）	北京 天津	石家庄、唐山、邯郸、张家口、保定、沧州、秦皇岛、邢台、廊坊、承德、衡水、安阳

注：笔者根据相关资料整理。

二、评价模型构建和变量说明

覃成林和杨霞（2017）在研究中国先富地区对其他地区的经济带动作用的过程中，发现先富地区通过其自身经济增长的空间外溢带动其他地区经济增长，而且这种经济增长的空间外溢受到距离衰减规律的约束。因此，本部分的研究也假设经济较为发达的中心城市的经济发展存在辐射带动作用，表现为经济扩散效应，同时中心城市的经济扩散效应会随着地理距离的增大而衰减。

由于线性回归模型分析的变量线性关系只是经济变量关系中的特例,而且现实中的多数经济变量关系是非线性的。当然非线性变量关系常常可以通过初等数学变换转化为线性回归模型,然后再运用线性回归分析方法进行分析,但仍然存在着不少非线性关系无法进行这种变换。因此,本部分参考潘文卿和吴天颖(2018)的研究方法,运用非线性回归模型来检验我国中心城市对周边城市的经济扩散效应的强度。

非线性回归分析的基本原理是:对于给定的数据(x_i, y_i),其中$i=1$,2,3,$\cdots$,m。在取定的非线性函数类ϕ中,求$p(x) \in \phi$,使$\sum_{i=1}^{m} r_i^2 = \sum_{i=1}^{m}(p(x_i)-y_i)^2$最小,也就是寻求与给定点$(x_i, y_i)$的距离平方和最小的曲线$y=p(x)$。非线性回归分析既是线性回归分析的扩展,也是传统计量经济学的结构模型分析法。随着计量技术的发展,非线性回归的参数估计计算困难得到有效的克服,非线性回归分析也开始受到更多的关注,现在已经成为计量经济研究的热点之一,基本建立起了与线性回归分析相对应的、比较完整的回归分析和检验预测的分析方法体系。

本部分所使用的模型具体形式如下:

$$y_{i,t} = \beta_0 + \varphi \sum_{j \in J} y_{j,t} \cdot e^{\sigma \cdot d_{i,j}} + \sum_{k \in K} \beta_k \cdot X_{i,t}^{k} + \mu_{i,t} \quad (5-1)$$

其中,$y_{i,t}$表示城市i在t年份的人均地区生产总值(GDP),为消除价格因素的影响,人均名义GDP需要采用当年居民消费价格指数折算为当年人均实际GDP。$y_{j,t}$表示中心城市j在t年份的人均实际GDP,$y_{j,t} \cdot e^{\sigma \cdot d_{i,j}}$表示中心城市$j$的人均实际GDP与空间距离自然指数的乘积,其中$d_{i,j}$表示周边城市$i$与中心城市$j$的空间地理距离,$\sigma$表示空间距离的系数。$\sum_{j \in J} y_{j,t} \cdot e^{\sigma \cdot d_{i,j}}$表示某一城市群内不同中心城市的人均实际GDP与空间距离自然指数乘积之和,其中J表示中心城市总数。β_0表示常数项。$X_{i,t}^{k}$表示第k个影响被解释变量的控制变量,K为控制变量总数,β_k为第k个控制变量的估计系数。$\mu_{i,t}$为干扰项。需要说明的是,城市之间空间地理距离通过城市经纬度进行计算,公式为:

$$d_{i,j} = R \times \cos^{-1}[\cos(\alpha_i - \alpha_j)\cos\beta_i\cos\beta_j + \sin\beta_i\sin\beta_j] \quad (5-2)$$

其中,R为地球大弧半径6371千米;α_i和α_j为城市中心点经度,β_i和β_j为城市中心点纬度。

在式(5-1)中,φ表示某一城市群内中心城市对城市i的经济扩散效应强度的整体系数。若φ显著为正,则表明中心城市整体对周边城市存在着显著的经济扩散效应,且该系数越大,经济扩散效应越强。反之,若φ显著为负则表明中心城市对周边城市不存在经济扩散效应,有可能存在一定的极化效应。另外,若σ显著为负,则表明中心城市对周边城市的经济扩散效应强度受到地理距离的影响,存在距离衰减效应,反之则没有影响。

本章选取的控制变量包括:①资本存量(I),采用各个城市的固定资产投资额来衡量。发展经济学认为,一个地区之所以发展缓慢,就是因为它的投资不足,要求国家要积累储蓄以用于投资。因此,资本存量对于各个城市的经济增长是正向的。②对外开放水平(O),采用实际使用外资额并按照当年年均汇率换算成人民币来度量每个城市的对外开放程度。Aghion 和 Howitt(2005)的理论研究认为,贸易自由化能够扩大劳动力市场的规模和知识溢出的范围进而有利于经济增长,同时也加剧了产品市场的竞争而对经济增长产生负面影响,可见对外开放水平的提高对经济增长的影响是因地区而异的。③技术进步(T),采用某城市政府科学技术的财政支出占地区生产总值的比重衡量技术进步。根据内生增长理论,经济系统内生决定的技术进步是长期经济增长的绝对因素,因此笔者认为技术进步对于各个城市的经济增长是正向的。④人力资本(E),采用统计年鉴中的普通高校在校学生数来测度各个城市人力资本的水平。根据舒尔茨的人力资本理论,人力资本是体现于人身体上的知识、能力和健康,人力资本投资是经济增长的源泉,并且人力资本投资是效益最佳的投资。因此,可以预期人力资本对于各个城市的经济增长是正向的。

事实上,式(5-1)主要考察的是某一城市群内全体中心城市对周边城市经济扩散效应强度的整体效应。考虑到同一城市群内不同中心城市的经济扩散的效应和强度可能并不一致,本部分进一步将参数φ拆分为$\varphi_{中心城市1}$,$\varphi_{中心城市2}$,$\varphi_{中心城市3}$,…,分别检验和比较不同中心城市的经济扩散效应强度,进而得到扩展的回归模型:

$$y_{i,t} = \beta_0 + \varphi_j \cdot y_j \cdot e^{\sigma \cdot d_{i,j}} + \sum_{k \in K} \beta_k \cdot X_{i,t}^k + \mu_{i,t} \quad (5-3)$$

式(5-3)刻画的是中心城市j个体对周边城市的经济扩散效应强度。需要说明的是,受影响的城市i并不是非城市j的所有其他样本城市,而是与城市j属于同一城市群内的所有非城市j的样本城市。

结合数据的可获得性，且考虑到2019年新冠疫情对数据质量的影响，本部分使用2002~2018年我国八大重点城市群(除我国港澳台地区外)的面板数据作为研究样本。主要变量的描述性统计结果如表5-2所示。

表5-2 主要变量的描述性统计结果

变量	样本	均值	标准差	最小值	最大值
Y	2091	48578.51	143960.3	2151	6421762
I	2091	5613713	1.13e+07	30066	1.61e+08
O	2091	84042.82	340017.7	6	6988489
T	2091	60324.12	584504.8	2	2.29e+07
E	2091	53767.64	106527.9	241	1000147

以上数据主要来源于历年的《中国区域经济统计年鉴》、EPS数据库以及市政府统计局官网。对于缺失数据本章采用线性插值法将数据逐一补齐。为了缓解量纲差异以及异方差的影响，研究中运用线性变换法对所有数据均进行处理。

第二节 中心城市对周边城市经济扩散效应的评价结果分析

一、多核城市群中心城市对周边城市经济扩散效应评价

在本章研究的分析框架中，多核城市群是指中心城市数量大于或等于3个城市群。在本章研究样本中，多核城市群包括长江中游城市群和长江三角洲城市群。

(一)长江中游城市群中心城市对周边城市经济扩散效应评价

长江中游城市群囊括了以武汉为中心城市的武汉城市圈、以长沙为中心城市的环长株潭城市群、以南昌为中心城市的环鄱阳湖城市群。表5-3

中列(1)报告了长江中游城市群全体中心城市对周边城市的整体经济扩散效应,列(2)~列(4)分别报告了南昌、武汉、长沙对周边城市的个体经济扩散效应。

表5-3 长江中游城市群全体中心城市对周边城市经济扩散效应的评价结果

变量	(1) 整体	(2) 南昌	(3) 武汉	(4) 长沙
常数项	-0.4684*** (-3.73)	-0.8712*** (-5.90)	-0.2153* (-1.80)	-0.4569*** (-3.69)
φ	0.3850*** (15.89)			
φ_{nc}		1.3428*** (15.67)		
φ_{wh}			0.7666*** (6.30)	
φ_{cs}				1.0484*** (18.55)
σ	-0.0009*** (-4.72)	-0.0005*** (-3.39)	-0.0005** (-3.13)	-0.0004*** (-4.09)
控制变量	YES	YES	YES	YES
N	561	561	561	561
R^2	0.7672	0.7561	0.7529	0.7667

注:括号内数值为t值,*、**、***分别表示显著性水平为10%、5%、1%。

表5-3中列(1)的估计结果表明,长江中游城市群全体中心城市对周边城市整体上形成了经济扩散效应,且中心城市整体的人均实际GDP每提升1个单位都能够带动周边城市人均实际GDP提高0.3850个单位。然而,武汉城市圈、环长株潭城市群、环鄱阳湖城市群三大城市群构成的三角形空间结构,使三大中心城市在所属城市群内的个体经济扩散效应更为显著,整体经济扩散效应却相对较弱。湖北、湖南和江西三省的省会城市在改革初期各自发展,分别形成了各自的经济中心,而这些经济中心之间在产业的结构组织协调上往往缺乏合理的分工,导致该城市群内三个不同的中心城市对该城市群内其他省份的周边城市影响较小,从而导致武汉、长

沙和南昌经济扩散效应差距较大。

就个体效应而言,南昌、长沙、武汉的经济扩散效用系数分别为1.3428、1.0484、0.7666,且均在1%的水平上显著为正。可知,经济扩散效应强度最弱的是武汉,南昌和长沙的经济扩散效应相对较强。武昌、汉口、汉阳三镇组成的武汉市在整个武汉都市圈中"一枝独秀",周边城市的资源大量向武汉市集聚,形成了较强的极化效应,故此其经济扩散效应相对较弱。相较而言,环鄱阳湖城市群中南昌市的经济发展带动了九江、景德镇、上饶、抚州、鹰潭等周边城市的发展,具有较强的经济扩散效应。而环长株潭城市群以长沙、株洲、湘潭为中心,外围分别发展岳阳、衡阳、益阳、常德、娄底5个次级城市圈(带),具有一定的经济扩散效应。

整体经济扩散效应的 σ 系数在1%的水平上显著为负,表明中心城市经济扩散效应强度的地理衰减效应是存在的。同时发现,各中心城市个体经济扩散效应强度的地理衰减效应亦非常显著,均在1%的水平上显著为负。

(二)长三角城市群中心城市对周边城市经济扩散效应评价

2016年发布的《长江三角洲城市群发展规划》中提出,一方面,发挥上海龙头带动的核心作用和区域中心城市的辐射带动作用;另一方面,依托交通运输网络培育形成多级多类发展轴线,推动南京都市圈、杭州都市圈、合肥都市圈等同城化发展。表5-4中列(1)报告了长三角城市群全体中心城市对周边城市的整体经济扩散效应,列(2)~列(5)分别报告了上海、南京、杭州、合肥对周边城市的个体经济扩散效应。

表5-4 长三角城市群全体中心城市对周边城市经济扩散效应的评价结果

变量	(1) 整体	(2) 上海	(3) 南京	(4) 杭州	(5) 合肥
常数项	-0.2564* (-1.88)	-0.4849*** (-2.78)	0.0305 (0.25)	-0.4353*** (-3.01)	0.2502* (1.90)
φ	0.3237*** (14.60)				
φ_{sh}		1.4016*** (11.16)			

续表

变量	(1) 整体	(2) 上海	(3) 南京	(4) 杭州	(5) 合肥
φ_{nj}			1.0825*** (21.67)		
φ_{hz}				1.1924*** (12.83)	
φ_{hf}					0.9828*** (18.24)
σ	0.0001 (0.31)	0.0007*** (4.37)	-0.0001 (-0.32)	0.0008*** (4.44)	-0.0005*** (-3.26)
控制变量	YES	YES	YES	YES	YES
R^2	0.6877	0.6269	0.7085	0.6938	0.6453

注：括号内数值为 t 值，*、**、*** 分别表示显著性水平为 10%、5%、1%。

表 5-4 中列(1)的估计结果表明，长三角城市群全体中心城市对周边城市整体上形成了经济扩散效应，且中心城市整体的人均实际 GDP 每提升 1 个单位都能够带动周边城市人均实际 GDP 提高 0.3237 个单位。由于四个中心城市的空间布局相对不集中，整体经济扩散效应强度相对于个体经济扩散效应较弱。也正缘于此，整体经济扩散效应强度的地理距离衰减效应并不显著。

就个体效应而言，上海、杭州、南京、合肥的经济扩散效应系数分别为 1.4016、1.1924、1.0825、0.9828，且均在 1% 的水平上显著为正。其中，经济扩散效应最强的是上海，其次分别是杭州、南京、合肥。可以看出，长三角城市群逐渐形成了以上海为经济扩散效应能力核心，杭州、南京与合肥为次一级的经济扩散效应核心的城市体系格局。上海作为中国的经济金融中心和国际贸易中心，有力带动了长三角城市群中其他城市的发展。同时，杭州、南京与合肥也在长三角城市群中共同发挥着重要的经济扩散效应。在当今双循环的新发展格局下，上海、杭州、南京与合肥均需要更加重视与周边城市的整体联动，从而促进长三角城市群的发展和区域经济一体化，并进一步使上海发展成为长三角地区的枢纽城市，促成长三角地区与全球市场的整体联动，支持实现国家宏观发展的国内大循环和国内国际双循环。

就个体经济扩散效应强度的地理距离衰减效应而言，合肥的 σ 系数在 1%的水平上显著为负；南京的 σ 系数统计性不显著；上海和杭州的 σ 系数显著为正，不符合预期。究其原因，主要与城市空间布局相关。上海的经济虹吸效应显著，合肥、杭州和南京均受到其虹吸效应的影响，但也存在差异性。合肥与上海的空间距离较远，受其资源聚集和虹吸效应的影响较弱。而且合肥作为安徽的省会城市，其对合肥都市圈其他城市经济影响的距离衰减效应更为显著。反之，杭州、南京与上海的空间距离较近，受上海经济虹吸效应的影响，其经济扩散效应强度的地理距离衰减效应相对较弱，甚至系数与预期相反。

二、双核城市群中心城市对周边城市经济扩散效应评价

在研究的分析框架中，双核城市群是指中心城市数量为两个的城市群。在本研究样本中，双核城市群包括珠三角城市群、哈长城市群、成渝城市群和京津冀城市群。

(一)珠三角城市群中心城市对周边城市经济扩散效应评价

改革开放后，深圳的崛起使之成为与广州并肩的中心城市，以广州和深圳为双中心的城市群体成为珠三角城市群结构特征。表 5-5 中列(1)报告了珠三角城市群全体中心城市对周边城市的整体经济扩散效应，列(2)和列(3)分别报告了广州和深圳对周边城市的个体经济扩散效应。

表 5-5 珠三角城市群全体中心城市对周边城市经济扩散效应的评价结果

变量	(1) 整体	(2) 广州	(3) 深圳
常数项	0.1164 (0.85)	-0.5426*** (-3.24)	0.4891*** (3.60)
φ	0.3825*** (5.63)		
φ_{gz}		1.2513*** (11.47)	
φ_{sz}			0.3564*** (6.30)

续表

变量	（1）	（2）	（3）
	整体	广州	深圳
σ	-0.0045** (-2.11)	-0.0020*** (-3.29)	-0.0006 (-0.41)
控制变量	YES	YES	YES
N	119	119	119
R^2	0.7620	0.7685	0.7424

注：括号内数值为 t 值，*、**、*** 分别表示显著性水平为 10%、5%、1%。

虽然珠江三角洲城市群经历了双中心格局向多中心网络化格局转变的过程，但广州和深圳的中心城市地位异常显著。表 5-5 中列（1）的估计结果表明，珠三角城市群全体中心城市对周边城市整体上形成了经济扩散效应，且中心城市整体的人均实际 GDP 每提升 1 个单位都能够带动周边城市人均实际 GDP 提高 0.3825 个单位。

就个体效应而言，广州和深圳对周边城市经济扩散效应的系数分别为 1.2513 和 0.3564，且在 1% 的水平上显著为正。相较于广州，深圳对周边城市的经济扩散效应强度相对较弱，这与两大城市的区位特征和战略定位是相关的。广州是广东省的省会城市，属于国家中心城市，且位于珠三角城市群的"圆心"位置。无论是其经济角色还是政治地位，对国内周边城市的经济扩散效应均较强。深圳是国家计划单列市，国务院批复确定的中国经济特区、全国性经济中心城市和国际化城市，位于珠三角城市群的西部沿海地区。《中共中央 国务院关于支持深圳建设中国特色社会主义先行示范区的意见》指出，深圳应"加快形成全面深化改革开放新格局"，需要"加快构建与国际接轨的开放型经济新体制"，其发展目标是"成为竞争力、创新力、影响力卓著的全球标杆城市"，可见其发展具有更强的外向型倾向，对内经济扩散效应相对较弱。

表 5-5 中列（1）的 σ 系数为 -0.0045，且在 5% 的水平上显著，表明随着中心城市与周边城市地理距离的扩大，中心城市的经济扩散效应强度不断弱化。广州的 σ 系数在 1% 的水平上显著为负，说明其经济扩散效应符合地理衰减定律；深圳的 σ 系数为负但不显著。广州位于珠三角城市群的"圆心"位置，各周边城市距其地理距离的标准差相对较大，其地理衰减效

应更为显著；而外向型发展的深圳，其地理衰减效应相对较弱。

(二)哈长城市群中心城市对周边城市经济扩散效应评价

《哈长城市群发展规划》指出，进一步增强哈尔滨、长春的集聚和辐射能力，促进两市分工协作、互动发展，提升服务和开放功能，引领带动周边地区产业转移和要素流动，促进区域协同发展。哈尔滨和长春是哈长城市群的主要中心城市。表5-6中列(1)报告了哈长城市群全体中心城市对周边城市的整体经济扩散效应，列(2)列(3)分别报告了长春和哈尔滨对周边城市的个体经济扩散效应。

表5-6 哈长城市群全体中心城市对周边城市经济扩散效应的评价结果

变量	(1) 整体	(2) 长春	(3) 哈尔滨
常数项	0.4025 (0.60)	0.2344 (0.39)	-0.2715 (-0.36)
φ	0.7713** (2.31)		
φ_{cc}		1.9831*** (4.32)	
φ_{heb}			0.7670* (1.67)
σ	-0.0020 (-1.08)	-0.0031** (-2.31)	0.0018* (1.88)
控制变量	YES	YES	YES
R^2	0.3835	0.4309	0.4012

注：括号内数值为t值，*、**、***分别表示显著性水平为10%、5%、1%。

表5-6中列(1)的估计结果表明，哈长城市群全体中心城市对周边城市整体上形成了经济扩散效应，且中心城市整体的人均实际GDP每提升1个单位都能够带动周边城市人均实际GDP提高0.7713个单位。然而，对于双中心城市群，两中心城市经济扩散效应的个体差异引致整体经济扩散效应相对较弱。亦因此，整体经济扩散效应强度的距离衰减效应并不显著，σ系数为-0.0020但统计显著性不强。

就个体效应而言，长春的经济扩散效应系数为1.9831且在1%的水平上显著，哈尔滨的经济扩散效应系数为0.7670且在10%的水平上显著。虽

然均存在显著的经济扩散效应,但长春的经济扩散效应强度显著高于哈尔滨。这与两市的战略定位是相关的,长春的战略定位在于"强化创新引领、产业支撑和要素集散等综合功能,全面提升引领带动能力""延伸长春对外辐射半径,促进长吉一体化发展",而哈尔滨的战略定位在于"强化对俄开放合作、物流集散、创新引领等功能"。近年来,长春的经济发展迅猛,2017年长春GDP超越哈尔滨;2020年又反超沈阳,正式问鼎"东北第一省会"。2023年长春市《政府工作报告》提出,2023年预期目标是GDP增速达6.5%左右,保持中高速增长。未来,长春的经济发展潜力较大,甚至有可能成为东北最大的经济中心。而长春对周边城市的经济扩散效应很强,哈长城市群可以继续加强长春的发展,增强长春的辐射能力,进而带动整个城市群的协同发展。

就个体经济扩散效应强度的地理衰减效应而言,长春的 σ 系数在5%的水平上显著为负,而哈尔滨的 σ 系数却在10%的水平上显著为正。这与城市空间布局是相关的,哈尔滨位于哈长城市群的"圆心"位置,各周边城市距其地理距离的标准差相对较小,加之其外向型战略定位,其经济扩散效应强度的地理距离衰减效应显著性不强。长春位于哈长城市群的偏南方向,加之其较强的经济扩散效应,其地理距离衰减效应更为显著。

(三)成渝城市群中心城市对周边城市经济扩散效应评价

成渝城市群亦是双中心城市群,但其空间布局趋于"H"型结构,成都和重庆位于"H"型结构的两个节点。表5-7中列(1)报告了成渝城市群全体中心城市对周边城市的整体经济扩散效应,列(2)和列(3)分别报告了重庆和成都对周边城市的个体经济扩散效应。

表5-7 成渝城市群全体中心城市对周边城市经济扩散效应的评价结果

变量	(1) 整体	(2) 重庆	(3) 成都
常数项	0.0114 (0.0231)	0.0084 (0.0218)	0.0346 (0.0247)
φ	0.3856*** (0.0495)		
φ_{cq}		0.8620*** (0.0970)	

第五章 中心城市对周边城市经济扩散效应的计量评价

续表

变量	(1) 整体	(2) 重庆	(3) 成都
φ_{cd}			0.7535*** (0.0793)
σ	0.0008* (0.0004)	0.0005** (0.0002)	-0.0016*** (0.0006)
控制变量	YES	YES	YES
R^2	0.0618	0.0692	0.0623

注：括号内数值为 t 值，*、**、*** 分别表示显著性水平为 10%、5%、1%。

表5-7中列(1)的估计结果表明，成渝城市群全体中心城市对周边城市整体上形成了经济扩散效应，且中心城市整体的人均实际GDP每提升1个单位都能够带动周边城市人均实际GDP提高0.3856个单位。两中心城市经济扩散效应的交叉影响作用引致整体经济扩散效应强度弱于个体经济扩散效应，且地理距离衰减效应并不显著。

就个体效应而言，成都和重庆的经济扩散效应相对均衡，但重庆的经济扩散效应强度略强于成都。究其原因：一方面，重庆是中央的直辖市，而成都是四川省的省会城市，两者分别隶属于不同的行政区域，其经济政治资源的配置效率是有差异的；另一方面，重庆是成渝城市群与东部地区进行经济交流的门户，东部沿海地区的生产资源与要素大都需要经过重庆进入成渝城市群。但总体而言，两者的 φ 系数相对于其他城市群的中心城市来说比较小，这与成渝城市群的地理特征是密切相关的。该地区高原山地多、平原较少，虽然每个城市的面积很大但是实际上可用于经济建设和社会发展的面积却很小。周边城市由于长期以来受到地形等环境因素的制约，经济发展的条件也受到严格限制，经济发展水平较低，建设和发展早期由于交通不便，缺少与中心城市的经济交流与联系，从而导致中心城市成都与重庆的经济扩散效应无法强有力地传达到周边城市，因此两者的经济扩散效应强度相对较小。

就个体经济扩散效应强度的地理距离衰减效应而言，成都的 σ 系数在1%的水平上显著为负，而重庆的 σ 系数在5%的水平上显著为正。各周边城市距成都地理距离的标准差相对较大，其地理衰减效应更为显著，而重庆对地理较近城市的极化效应仍较强。

(四)京津冀城市群中心城市对周边城市经济扩散效应评价

京津冀城市群的功能定位是以我国首都为中枢,具有京津双核结构特征和较高区域和谐发展水平的新型国际化大都市圈,其发展模式是把北京和天津作为京津冀城市群发展的双增长极,以影响和带动周边城市的经济发展。表 5-8 中列(1)报告了京津冀城市群全体中心城市对周边城市的整体经济扩散效应,列(2)列(3)分别报告了北京和天津对周边城市的个体经济扩散效应。

表 5-8　京津冀城市群中心城市对周边城市经济扩散效应的评价结果

变量	(1) 整体	(2) 北京	(3) 天津
常数项	0.4432** (3.30)	0.3446** (2.26)	0.5251*** (4.25)
φ	0.5336*** (13.96)		
φ_{bj}		0.9034*** (11.90)	
φ_{tj}			1.0945*** (15.59)
σ	-0.0046*** (-6.98)	-0.0037*** (-5.48)	-0.0047*** (-8.03)
控制变量	YES	YES	YES
R^2	0.7993	0.7567	0.8208

注:括号内数值为 t 值,*、**、*** 分别表示显著性水平为 10%、5%、1%。

表 5-8 验证了经济扩散效应的存在,列(1)的估计结果表明,京津冀城市群全体中心城市对周边城市整体上形成了经济扩散效应,且中心城市整体的人均实际 GDP 每提升 1 个单位都能够带动周边城市人均实际 GDP 提高 0.5336 个单位。在京津冀城市群中,北京与天津两大城市之间的经济发展水平较高,且两者之间形成了一种良性互动的发展格局,共同对周边城市产生经济扩散效应,形成了有序的城市体系结构。然而,对于双中心城市群,两中心城市经济扩散效应的差异引致整体经济扩散效应

强度相对较弱。就个体效应而言,天津对周边城市的经济扩散效应要强于北京。北京是我国的首都,其政治中心的职能定位使其政治影响强于其经济影响,加之其较强的资源虹吸效应,使其经济扩散效应强度相对较弱。

表 5-8 中列(1)的 σ 系数为 -0.0046,且在 1% 的水平上显著,表明随着中心城市与周边城市地理距离的扩大,中心城市的经济扩散效应强度不断弱化。就个体而言,北京和天津的 σ 系数均在 1% 的水平上显著为负。这两个城市均位于京津冀城市群的"圆心"位置,各周边城市距其地理距离的标准差相对较小。

三、单核城市群中心城市对周边城市经济扩散效应评价

在本章研究的分析框架中,单核城市群是指中心城市数量为一个城市群。在本章研究样本中,单核城市群包括中原城市群和关中平原城市群。由于单核城市群中只有一个中心城市,其经济扩散效应的个体系数与整体系数是一致的。

(一) 中原城市群中心城市对周边城市经济扩散效应评价

由于中原城市群中只有郑州一个中心城市,经济扩散的个体效应与整体效应是一致的,评价结果如表 5-9 所示。

表 5-9 中原城市群中心城市对周边城市经济扩散效应的评价结果

变量	郑州
常数项	-0.0919 (-0.55)
φ	0.6217*** (8.46)
σ	0.0022*** (7.92)
控制变量	YES
R^2	0.6525

注:括号内数值为 t 值,*、**、*** 分别表示显著性水平为 10%、5%、1%。

郑州的 φ 系数为 0.6217,且在 1% 的水平上显著。这表明,中心城市

人均实际 GDP 每提升 1 个单位，会带动周边城市人均实际 GDP 提升 0.6217 个单位。然而，σ 参数在 1% 的水平上显著为正，不符合地理距离衰减定律。究其原因：一方面，中原城市群的空间布局是以郑州为"圆心"的"圆形"结构且各周边城市距其地理距离的标准差相对较小，郑州对周边城市既存在一定程度的扩散效应，也存在一定程度的虹吸效应。φ 系数显著为正，显示其扩散效应大于虹吸效应。随着地理距离的增加，虹吸效应的衰减速度大于扩散效应的衰减速度，因此使经济扩散效应强度随着距离的增加而增加。另一方面，中原城市群地处中部地区，发展水平较低，城市群内部的交通网络密度较低，导致城市群内部之间的联通效率也偏低，使中心城市郑州的经济扩散效应受到交通条件很大的影响。

（二）关中平原城市群中心城市对周边城市经济扩散效应评价

关中平原城市群目前在八大城市群中是规模最小的，但近年来，随着"一带一路"倡议的深入推进，关中平原城市群的建设备受关注。西安作为关中平原城市群中唯一的一个中心城市，是推进中国中西部地区经济发展的重要增长极，评价结果如表 5-10 所示。

表 5-10　关中平原城市群中心城市对周边城市经济扩散效应的评价结果

变量	西安
常数项	-0.6751 (-1.52)
φ	1.3820*** (4.79)
σ	-0.0003 (-0.45)
控制变量	YES
R^2	0.6947

注：括号内数值为 t 值，*、**、*** 分别表示显著性水平为 10%、5%、1%。

西安的 φ 系数为 1.3820，且在 1% 的水平上显著。这表明，中心城市人均实际 GDP 每提升 1 个单位，会带动周边城市人均实际 GDP 提升 1.3820 个单位。相较于其他城市群，特别是单中心的城市群，西安的经济扩散效应更为显著。2018 年印发的《关中平原城市群发展规划》中指出了其空间发展格局的总体思路，其中核心思路是"强化西安服务辐射功能，加

快培育发展轴带和增长极点"。近年来，随着西咸新区、西安高新区国家自主创新示范区、西安国家级经济技术开发区等的建设，西安逐步成为西部地区重要的经济中心、对外交往中心、丝路科创中心、丝路文化高地、内陆开放高地、国家综合交通枢纽。这进一步强化了西安在关中平原城市群的经济扩散效应。σ参数为负但其统计显著性并不强，这与关中平原城市群的"一"字形空间布局是相关的（非"圆形"结构）。在σ参数估计中，西安中西两侧周边城市的地理距离衰减效应显著，而南北两侧周边城市的地理距离衰减效应相对较弱。

第三节　中心城市对周边城市经济扩散效应的特征与比较分析

一、整体经济扩散效应差异：区位特征、核数差异与内部非均衡

（一）区位特征的比较分析

图5-1中的柱形图显示了各城市群的中心城市经济扩散效应的整体系数，且其强度是由左至右逐渐递增的。柱形图趋势呈现了显著的区位特征差异：在包括长三角城市群、珠三角城市群、京津冀城市群在内的东部地区，城市群中心城市经济扩散效应的整体系数相对较低。在包括长江中游城市群、成渝城市群、中原城市群、关中平原城市群等在内中西部地区，城市群中心城市经济扩散效应的整体系数相对较高。区位特征差异的存在主要源于城市群内部的发展格局的差异。东部沿海地区城市群的发展水平整体高于中部地区城市群，而且东部地区城市普遍具有更好的发展环境与更多的发展机遇，城市群内部各城市的经济发展对中心城市的依赖性相对较小。事实上，这一现象也解释了为什么在经济发展水平越高的城市群，其中心城市经济扩散效应整体系数却相对较弱。因为在经济发展水平相对

较高的城市群内部，各主要城市的发展水平也较普遍较高，其经济发展不能过分依赖于中心城市的经济扩散效应，而是应当分类引导大中小城市发展方向和建设重点，形成疏密有致、分工协作、功能完善的空间格局。特别是，要建立健全城市群一体化协调发展机制和成本共担、利益共享机制。但对于经济发展水平相对较低的城市群，则应依托经济扩散效应较强的中心城市（如哈长城市群的长春与关中城市群的西安），优化城市群内部空间结构，形成多中心、多层级、多节点的网络型城市群。

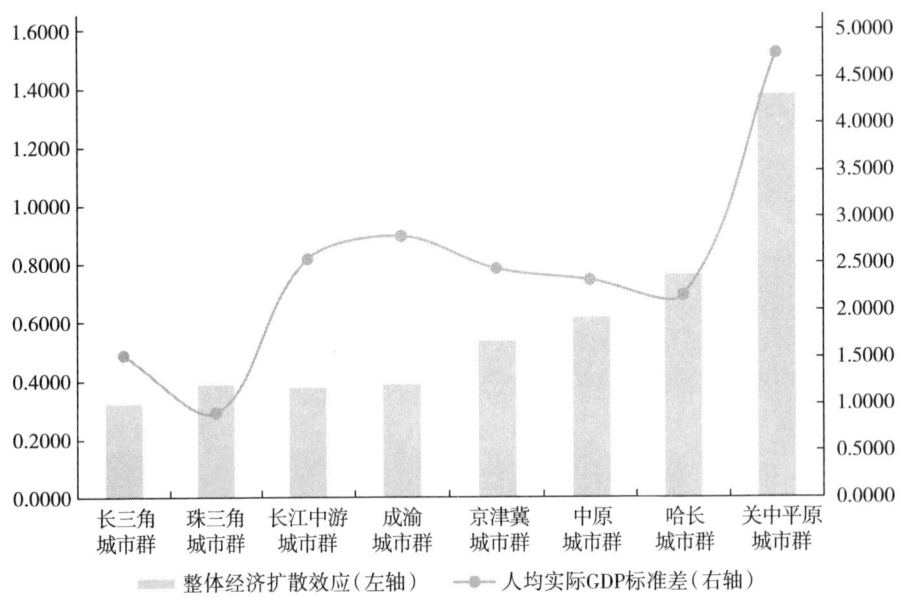

图 5-1　中心城市整体经济扩散效应与人均实际 GDP 标准差的趋势

（二）核数差异的比较分析

同一区位的不同城市群之间也存在一定的差异性，一般单核城市群中心城市经济扩散效应的整体系数较大。在中部地区的城市群中，经济扩散效应较强的中原城市群与关中城市群均属于单中心城市的单核城市群，而成渝城市群与长江中游城市群的经济扩散效应整体系数差距不大，成渝城市群属于双核城市群，长江中游城市群属于多核城市群。究其原因，单核城市群的中心城市与周边城市经济联系更为密切，而多核城市群的周边城市受到多个中心城市的交叉影响，其城际经济联系程度亦受到多重影响。关中城市群的经济扩散效应明显强于中原城市群，说明在与周边城市的经济联系水平上西安强于郑州。关中城市群虽然与中原城市群同属于中部地区，但其交通运输条件相对较为薄弱，交通网络的密度也相对较低，从而导致交通运输效率相对偏低，使中心城市对周边城市的经济扩散效应受到限制。但西安的综合实力强于郑州，其在科、教、文、卫方面具有相当大的优势，与周边城市的联系更为紧密，其经济扩散效应也更强。在东部沿海地区的三个城市群中，长三角城市群、珠三角城市群与京津冀城市群长期以来一直是我国区域经济发展的重点，京津冀城市群属于双核城市群，其经济扩散效应整体系数相对更高，而长三角城市群与珠三角城市群却相对较低。虽然珠三角城市群亦属于双核城市群，但其发展起步较早，整体经济发展水平、城际分工程度和市场一体化程度较高，中心城市经济扩散效应并不显著。长三角城市群相对于东部地区其他城市群来说，其中心城市较多，其中上海作为中国的金融中心和国际贸易中心，有力地带动了长三角城市群中其他城市的发展，其经济扩散效应明显强于其他三个中心城市。同时，南京、杭州与合肥对周边城市的经济扩散效应也非常明显且差距不大。

（三）内部非均衡的比较分析

经济扩散效应的整体系数与个体系数存在不一致。以长三角城市群为例，其整体系数仅为0.3237，居八大重点城市群末位；然而上海的个体系数却达到1.4016，居所有中心城市经济扩散效应个体系数前列。为探究这一现象存在的原因，笔者在图5-1中添加了各城市群内部人均实际GDP的城际标准差走势线。由此发现，随着标准差的增加，中心城市经济扩散效应整体系数也在提升。这意味着，如果城市群内部城际非均衡程度越低，中心城市经济扩散效应整体系数也越弱；反之，如果城市群内部城际非均衡程度越高，中心城市经济扩散效应整体系数也越强，表现为边际递增的特征。那么，在我国城市发展依然存在"不充分、不平衡"现象的情况下，强化中心城市的经济扩散效应对于城际发展不平衡的城市群而言具有更为显著的作用。

二、个体经济扩散效应差异：战略定位与层级效应

为比较不同中心城市个体经济扩散效应的差异，表5-11报告了各中心城市的个体系数。考虑到个体系数的计算未考虑城市群之间的差异，

表5-11进一步报告了调整系数。调整系数=中心城市个体系数÷(城市群整体系数×城市群内部中心城市数量)。个体系数与调整系数总体而言保持一致，但也存在个别不一致的情况。

表5-11 中心城市对周边城市经济扩散效应个体(调整)系数的评价结果

中心城市	个体系数	调整系数	城市群归属	中心城市数量
长春	1.9831	1.2856	哈长城市群	2
上海	1.4016	1.0825	长三角城市群	4
西安	1.3820	1.0000	关中平原城市群	1
南昌	1.3428	1.1626	长江中游城市群	3
广州	1.2513	1.6357	珠三角城市群	2
杭州	1.1924	0.9209	长三角城市群	4
天津	1.0945	1.0256	京津冀城市群	2
南京	1.0825	0.8360	长三角城市群	4
长沙	1.0484	0.9077	长江中游城市群	3
合肥	0.9828	0.7590	长三角城市群	4
北京	0.9034	0.8465	京津冀城市群	2
重庆	0.8620	1.1177	成渝城市群	2
哈尔滨	0.7670	0.4972	哈长城市群	2
武汉	0.7666	0.6637	长江中游城市群	3
成都	0.7535	0.9770	成渝城市群	2
郑州	0.6217	1.0000	中原城市群	1
深圳	0.3564	0.4659	珠三角城市群	2

(一) 战略定位的比较分析

同一城市群中，不同中心城市的经济扩散效应存在一定的差异，其中双核城市群表现较为突出。在哈长城市群内，长春的调整系数为1.2856，而哈尔滨的调整系数仅为0.4972；在珠三角城市群内，广州的调整系数为1.6357，而深圳的调整系数仅为0.4659。这一现象的存在与中心城市的战略定位密切相关。长春与广州在战略定位层面的共同点是基于国内市场的对外辐射，如长春定位于"全面提升引领带动能力""延伸长春对外辐射半径，促进长吉一体化发展"，广州定位于"辐射带动"引领珠三角城市群协调发展。哈尔滨和深圳在战略定位层面的共同点是面向国际市场的融合发

第五章 中心城市对周边城市经济扩散效应的计量评价

展,如哈尔滨定位于"强化对俄开放合作、物流集散、创新引领等功能",深圳定位于"融入全球价值链"。中心城市经济扩散效应个体系数与其经济发展水平并不呈现显著的线性相关性。表5-11中经济扩散效应个体系数(调整系数)最强的5个中心城市分别是珠三角城市群的广州、哈长城市群的长春、长江中游城市群的南昌、成渝城市群的重庆、长三角城市群的上海。如深圳、武汉等在其城市群中经济较为发达的中心城市的经济扩散效应明显不如城市群内其他中心城市。当然,这与中心城市的战略定位和虹吸效应是密切相关的。

(二)层级差异的比较分析

在多核城市群内,往往存在中心城市内部之间的层级效应,即高层级中心城市经济扩散效应首先作用于次级中心城市,进而作用于周边城市。这使高层级中心城市(如长三角城市群的上海)的经济扩散效应首先受到次级中心城市(如长三角城市群的杭州、南京、合肥)虹吸效应的影响,因此次级中心城市的经济扩散效应往往弱于高层级中心城市。但中心城市的极化效应亦会限制其经济扩散效应,如长江中游城市群的武汉和长沙。

此外,在中国的四大直辖市中,除北京外,天津、上海和重庆三个直辖市在其城市群中的经济扩散效应都是最强的,事实上,北京在京津冀城市群中的经济扩散效应与天津相差并不大。可见,独特的经济政治地位在带动周边城市经济发展方面具有一定的比较优势。广州作为省会城市同样具备一定的政治定位优势,其经济扩散效应强于深圳。

第四节
中心城市对周边城市经济扩散效应的地理距离衰减规律检验

一般而言,中心城市的经济扩散效应强度是服从距离衰减规律的。那么,中心城市的经济扩散效应是足以影响城市群内所有样本城市还是仅限

于周边部分城市呢？本部分通过分析中心城市经济扩散效应强度与距离阈值之间的关系以解答此问题。本部分对式(5-3)设置距离阈值，并依次进行非线性最小二乘法回归，进而观察系数 φ 的变化。

一、递进式地理距离阈值设定的衰减规律检验

本部分利用城市的中心坐标，结合地球经纬度计算出中心城市与周边城市的地理距离(单位为千米)。在距离阈值设定方面，研究中考虑了主要城市群的空间距离分布，以 100 千米为计算起步值，每增加 100 千米距离阈值进行一次回归，并依次记录各中心城市的经济扩散效应系数 φ 及其统计显著性，估计结果如表 5-12 所示。

表 5-12　不同距离阈值下中心城市经济扩散效应的整体与个体系数值

距离阈值(千米)	长江中游城市群			
	整体系数	南昌	武汉	长沙
<100		1.0558***	1.3985***	0.2176**
<200		2.3058***	0.9576***	1.1232***
<300		1.5068***	0.4977***	0.8536***
<400		1.3023***	0.7159***	0.9781***
400 以上	0.3850***	1.3428***	0.7666***	1.0484***

距离阈值(千米)	珠三角城市群		
	整体系数	广州	深圳
<100		1.2117***	0.0713
<200	0.4808***	1.2513***	0.3564***
<300	0.3825***	1.2513***	0.3564***
<400	0.3825***	1.2513***	0.3564***
400 以上	0.3825***	1.2513***	0.3564***

距离阈值(千米)	哈长城市群		
	整体系数	长春	哈尔滨
<100			
<200		1.0636	1.8357***
<300		1.0636	1.9041***
<400	0.0000***	1.5348	0.7670*
400 以上	0.7714	1.9831***	0.7670*

第五章 中心城市对周边城市经济扩散效应的计量评价

续表

距离阈值(千米)	成渝城市群		
	整体系数	重庆	成都
<100		−0.2841	1.8495***
<200		0.8708***	0.7585***
<300		0.5695***	0.9566***
<400	1.1589***	0.8634***	0.7441***
400 以上	0.3848***	0.8634***	0.7441***

距离阈值(千米)	长三角城市群				
	整体系数	上海	南京	杭州	合肥
<100		0.0001	0.8565***	1.3658***	
<200		1.0738***	1.0493***	1.0210***	1.4101***
<300		1.3983***	1.1115***	1.0022***	0.7746***
<400		1.4505***	1.0880***	1.1924***	1.0567***
400 以上	0.3237***	1.4016***	1.0825***	1.1924***	0.9828***

距离阈值(千米)	中原城市群	
	整体系数	郑州
<100		
<200	0.0398	0.0398
<300	0.4931***	0.4931***
<400	0.5573***	0.5573***
400 以上	0.6217***	0.6217***

距离阈值(千米)	关中平原城市群	
	整体系数	西安
<100	5.1505***	5.1505***
<200	0.7711***	0.7711***
<300	1.8445***	1.8445***
<400	1.3820***	1.3820***
400 以上	1.3820***	1.3820***

距离阈值(千米)	京津冀城市群		
	整体	北京	天津
<100		0.0636	0.2356**
<200	0.7779***	0.6248***	1.0222***
<300	0.3269***	0.6084***	1.2157***
<400	0.4104***	0.8288***	1.1085***
400 以上	0.5336***	0.9034***	1.0945***

八大城市群中心城市的经济扩散效应系数 φ 随着地理距离增加的变化轨迹大部分具有高度的一致性，根据其走势可分为两种：

第一种走势以武汉、成都、西安等城市主要代表的类似"L"型趋势，这种趋势可以根据地理距离将其划分为三个阶段：一是 0～200 千米范围内的距离区间，中心城市经济扩散效应强度从一个较高水平开始逐渐减弱；二是 200～300 千米范围内的距离区间，中心城市经济扩散效应强度会有一定幅度的提升；三是 300 千米以上的距离区间，中心城市经济扩散效应强度开始缓慢下降并逐渐趋向平稳。

第二种走势以深圳、广州、郑州、南昌、长沙、重庆、上海、南京、北京和天津为城市主要代表的类似倒"L"型趋势，这种趋势可以根据地理距离将其划分为三个阶段：一是 0～200 千米范围内的距离区间，在 100 千米左右经济扩散效应强度会出现一定幅度的抬升，扩散效应开始逐渐释放并达到最大值的区间；二是 200～300 千米范围内的距离区间，中心城市经济扩散效应强度大幅减弱；三是 300 千米以上的距离区间，经济扩散效应强度缓慢下降并逐渐趋向平缓的区间，随着距离的增加，数值会逐渐变小，最终趋于稳定。

对上述两种走势的可能解释是：在 0～200 千米范围内的距离区间，距离较近时，一些中心城市虹吸周边城市的生产要素与资源，其极化效应大于扩散效应，导致距离较近时经济扩散效应强度不显著或者很低。另外一些中心城市对周边城市生产要素与资源占用相对较少，其扩散效应远远大于极化效应，因此当其距离较近时，其经济扩散效应强度非常大。随着地理距离的增加，中心城市内的大量竞争力较强的企业都会在空间上形成集聚并产生扩散效应，并进一步辐射带动周边城市的经济增长。在 200～300 千米范围内的距离区间，离中心城市较近的企业由于其交通成本的增加难以取得竞争优势，因此经济扩散效应强度也会随距离的增加而快速下降。在 300 千米以上的距离区间，由于企业距离中心城市较远，一方面由于企业的竞争程度有所下降，另一方面由于市场需求上升，因此企业可以在未来获得更大的发展空间，同时也要充分考虑到运输成本等因素，最终使经济扩散效应强度逐渐减小趋于稳态。

上述分析说明中心城市虽然能通过经济扩散效应带动周边城市共同发展。但这种经济扩散效应是在一定的地理范围内实现的，也就是说在该地理空间范围内中心城市能够通过经济扩散效应有效地带动周边城市实现较快的增长。而对超出此相应距离的周边城市，尽管中心城市的经济扩散效应依然存在却难以对其经济增长产生更加强烈的影响。同时，一些中心城市在距离较短时经济扩散效应系数 φ 并不显著。如深圳、上海、郑州、北京、长春和重庆这六个中心城市，它们的经济扩散效应系数 φ 在距离较近时表现并不显著，随着距离的增加，经济扩散效应系数 φ 才逐渐显著。说明这六个中心城市对近距离的周边城市并没有产生明显的经济扩散效应，存在着优质的生产资源与要素向中心集聚的现象，从而使中心城市对周边城市产生了一种极化效应。

二、基于 200 千米阈值的经济扩散效应强度比较分析

不同城市群的中心城市的经济扩散效应强度会在地理距离大于 200 千米后会产生第一次变化，因此本部分进一步以 200 千米为距离阈值，对 200 千米范围内的样本与 200 千米范围外的样本分别进行回归分析，得到表 5-13。

表 5-13　基于 200 千米距离阈值的经济扩散效应估计结果

城市群	中心城市	φ（阈值小于 200 千米）	φ（阈值大于 200 千米）
长三角城市群	上海	1.0738***	0.9789***
	南京	1.0493***	1.2835***
	杭州	1.0210***	1.3231***
	合肥	1.4101***	0.7797***
中原城市群	郑州	0.0398	0.9701***
哈长城市群	哈尔滨	1.8357***	0.6842
	长春	1.0636	0.5783**
成渝城市群	成都	0.7585***	0.0750
	重庆	0.8708***	1.0714***
珠三角城市群	广州	1.2513***	
	深圳	0.3564***	
京津冀城市群	北京	0.6248***	0.6458***
	天津	1.0222***	0.3866***

续表

城市群	中心城市	φ(阈值小于200千米)	φ(阈值大于200千米)
关中城市群	西安	0.7711***	1.2544*
长江中游城市群	武汉	0.9576***	0.9224***
	长沙	1.1232***	1.3593***
	南昌	2.3058***	1.4276***

上海、合肥、哈尔滨、成都、天津、武汉和南昌这7个中心城市200千米范围内的经济扩散效应强度大于200千米范围外的经济扩散效应强度，说明这7个中心城市对于200千米范围内的周边城市经济扩散效应较强。究其原因：一方面，这些城市的经济密度相对较高，其产业分布比较密集，从而对近距离的一些周边城市的经济发展具有较强的带动作用；另一方面，这些城市由于受到交通与地形环境等诸多因素的制约，其经济扩散效应无法在更大范围内显现，如上海、天津和哈尔滨这些城市靠近边界，因此经济扩散效应的范围有限，它们不太可能继续向东扩散，所以最终还是只能往内陆扩散，而且主要是从其周边距离较近的几个城市进行扩散。

另外，南京、杭州、郑州、重庆、北京、长春、西安和长沙这8个中心城市在200千米范围外的经济扩散效应强度大于200千米范围内的经济扩散效应强度，其中广州和深圳由于与周边城市的地理距离大都较小，大于200千米的周边城市样本太少，因此缺失200千米范围外的经济扩散效应。这些城市大都属于正在快速发展的城市，它们对于200千米范围内的周边城市经济扩散效应较弱，说明它们在发展自身经济时，过多地占用了近距离城市的生产要素与资源，产生了强烈的极化效应，导致其对200千米范围内的周边城市经济扩散效应强度较弱。而对于200千米范围外的周边城市而言，对这些城市的资源占用较少，所产生的极化效应不强，再加上这些中心城市较为完善的交通网络，因此能对200千米范围外的城市产生较强的经济扩散效应。

三、基于300千米阈值的经济扩散效应强度比较分析

根据前文分析，中心城市经济扩散效应强度会在地理距离200~300千米范围内产生变化并在大于300千米后逐渐趋于稳定，同时南京、杭州、

郑州、重庆、北京、长春、西安和长沙这8个中心城市在200千米范围外的经济扩散效应强度大于200千米范围内的经济扩散效应强度，为进一步探究经济扩散效应的最优地理距离，本部分继续以300千米为距离阈值，对300千米范围内的城市与300千米范围外的城市分别进行回归分析，得到表5-14。

表5-14 基于300千米距离阈值的经济扩散效应估计结果

城市群	中心城市	φ(阈值小于300千米)	φ(阈值大于300千米)
长三角城市群	上海	1.3983***	0.9205***
	南京	1.1115***	0.5495***
	杭州	1.0022***	0.8758
	合肥	0.7746***	0.4354***
中原城市群	郑州	0.4931***	2.6996***
哈长城市群	哈尔滨	1.9041***	0.0000
	长春	1.0636	0.5783**
成渝城市群	成都	0.9566***	0.0001
	重庆	0.5695***	1.2598***
珠三角城市群	广州	1.2513***	
	深圳	0.3564***	
京津冀城市群	北京	0.6084***	0.3320***
	天津	1.2157***	0.2920**
关中城市群	西安	1.8445***	1.3735***
长江中游城市群	武汉	0.4977***	1.1467***
	长沙	0.8536***	1.4280***
	南昌	1.5068***	0.7237***

除郑州、重庆、武汉和长沙这4个中心城市外，其他城市在300千米范围外的经济扩散效应强度小于300千米范围内的经济扩散效应强度，说明大部分中心城市在300千米范围内能够通过经济溢出效应有效地带动周边城市的经济增长，超过300千米之后，尽管中心城市的经济溢出效应仍然存在，却难以对周边城市的经济增长产生实质性的影响。而郑州、重庆、武汉和长沙这4个中心城市都是中部地区的重要的交通枢纽，其具有较为发达的交通网络，因此能对更大范围外的城市产生经济扩散效应。

区际经济扩散效应的形成机制、计量评价与强化策略

对比表 5-13 可以看出，中心城市南京、杭州、北京、长春和西安这 5 个中心城市在 200 千米范围外的经济扩散效应强度大于 200 千米范围内的经济扩散效应强度，而在 300 千米范围外的经济扩散效应强度小于 300 千米范围内的经济扩散效应强度。说明这 5 个中心城市经济扩散效应强度在 200~300 千米范围内仍然很显著，其经济扩散效应范围更广，因此对于这 5 个中心城市而言，以其为中心的 300 千米范围为经济扩散效应的最佳范围。

总的来说，地理距离对中心城市的经济扩散效应的强度产生了比较明显的影响，对于以上海、合肥、哈尔滨、长春、天津和南昌这 6 个中心城市来说，以其为中心的 200 千米范围内经济扩散效应最强，超出这个范围，其经济扩散效应强度就逐渐减少。对于南京、杭州、北京、成都和西安这 5 个中心城市而言，以其为中心的 300 千米范围内经济扩散效应最强，超出这个范围，其经济扩散效应强度就逐渐减少。对于郑州、重庆、武汉和长沙这 4 个中心城市而言，以其为中心的 300 千米范围外经济扩散效应强度最大，超出 300 千米的经济扩散效应更加显著。对于以这些城市为扩散中心的周边城市而言，应当充分考虑自身与中心城市的地理距离，制定相关政策与策略，积极主动地加强与这些中心城市的经济对接，利用这些中心城市经济发展带来的机遇实现自身的高速发展。

第五节 本章小结

本章利用 2002~2018 年中国八大重点城市群的样本数据，构建引入空间距离指数的经济扩散效应评价模型，进而利用非线性最小二乘法（NLS）进行量化分析，估计中心城市经济扩散效应的整体系数和个体系数，并结合调整系数进行特征与比较分析。之后，通过设置距离阈值，检验了中心城市经济扩散效应强度的距离衰减效应，并分别进行 200 千米和 300 千米的断点回归，以考察中心城市经济扩散效应强度的最优阈值。

本章的主要研究发现：

其一，就整体系数而言，单核城市群中心城市对周边城市的经济扩散效应强于双核和多核城市群；受区位特征和经济发展水平的影响，中西部地区城市群中心城市对周边城市的经济扩散效应普遍高于东部地区城市群；若城市群内部城际非均衡程度越高，中心城市对周边城市的经济扩散效应相对较强。

其二，就个体系数而言，经济扩散效应强度最大的5个中心城市分别是珠三角城市群的广州、哈长城市群的长春、长江中游城市群的南昌、成渝城市群的重庆、长三角城市群的上海；中心城市对周边城市的经济扩散效应受城市战略定位影响显著；多核城市群中心城市经济扩散效应的个体系数普遍高于整体系数，且高层级中心城市的经济扩散效应强于次级中心城市。此外，同一城市群中不同中心城市的经济扩散效应存在一定的差异，表现出层级效应，其中外向型战略定位城市的经济扩散效应较弱，具有政治地位优势的直辖市的经济扩散效应较强。

其三，中心城市经济扩散效应强度契合距离衰减效应规律，但具体表现呈现两个方面特征：一是受极化效应影响而表现出的以武汉、成都、西安为代表的类似"L"型；二是受扩散效应影响而表现出的以深圳、广州、郑州、南昌、长沙、重庆、上海、南京、北京和天津为代表的类似倒"L"型。

其四，就上海、合肥、哈尔滨、长春、天津和南昌这6个中心城市而言，以其为中心的200千米范围内经济扩散效应最强，超出这一阈值其经济扩散效应逐渐削弱。就南京、杭州、北京、成都和西安这5个中心城市而言，以其为中心的300千米范围内经济扩散效应最强，超出这一阈值其经济扩散效应强度逐渐削弱。就郑州、重庆、武汉和长沙这4个中心城市而言，以其为中心的300千米范围外经济扩散效应最强。

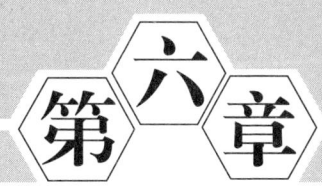

城市地区对农村地区经济扩散效应的计量评价

"在发展的初期,区域间以收入差距扩大和'南北'二元性增强为特征;在国家成长和发展较为成熟的阶段,则以区域间趋同和'南北'二元问题消失为特征。"

——威廉姆森(Williamson,1965)《区域不平等与国家发展过程》

在城乡维度下，发达地区对欠发达地区的经济扩散效应表现为城乡地区对农村地区的经济发展带动作用。本章从宏观发展、中观产业和微观要素三个维度构建指标体系，利用熵值法测度了我国城市地区对农村地区的经济扩散效应，进而从城市经济扩散能力、农村扩散承接能力、城乡空间联系程度、城乡发展政府干预四个方面着手，构建半对数模型实证检验城市地区对农村地区经济扩散效应的影响因素。

第一节
计量评价方案设计

Boudeville(1966)将增长极理论引入区域经济范畴，对佩鲁构建的空间经济基础上的较为抽象的增长极理论进行了补充。Boudeville 将增长极定位在城市，认为技术创新主要发生在城市中的主导产业，而这些主导产业群集中的城市就会形成增长极。在增长极理论视野下，扩散效应是一个两阶段的动态调整过程：在我国城乡发展空间格局中，城市地区扮演着重要角色，是影响农村地区经济发展的重要力量。基于扩散效应的理论逻辑，我国城乡发展经历了一个两阶段的动态调整过程：在第一阶段，周边农村地区的要素资源不断向城市地区集聚促进城市地区的经济发展，进而形成"农村服务城市"的经济现象，表现为增长极的极化效应；在第二阶段，城市地区通过自身经济发展促成各种要素资源从城市地区向周围农村地区转移，从而形成"城市带动农村"的经济现象，表现为增长极的扩散效应。

如何才能科学地测度城市地区对农村地区的经济扩散效应？本章基于微观要素、中观产业和宏观发展三个维度构建指标体系，构建评价体系，并运用熵值法进行赋权，进而对我国 30 个省份城市地区对农村地区经济扩散效应进行评价。微观要素维度关注资本、劳动、技术等生产要素资源在城乡间的扩散路径；中观产业维度关注产业在城乡间的扩散路径及其结构性调整；而宏观发展维度关注在微观要素扩散和中观产业扩散基础上形成的城乡间居民收入、居民消费及公共服务的调整。

一、赋权方法选取

学术界关于多指标综合评价的权重计算方法一般分为两大类：主观赋权法与客观赋权法。客观赋权法强调利用样本数据之间的数理逻辑关系计算指标权重，属于定量研究方法，相较于主观赋权法更大程度保证了评价结果的客观性。比较常见的客观赋权法有主成分分析法、因子分析法、变异系数法与熵值法等。考虑到变异系数法评价指标权重的可解释性较差，本部分选用熵值法进行权重赋值。利用熵值法确认各项指标权重的计算过程如下：

（一）利用功效系数法对数据进行标准化处理

为消除所选指标由于属性与数量级差异对计算结果准确性的影响，需对原始数据进行标准化处理。根据信息熵的定义，标准化以后的数值越大提供的信息量越多。依据所选指标对城市地区对农村地区经济扩散效应作用方向差异，将所选指标划分为正向指标与负向指标。正向指标表征城市地区对农村地区经济扩散强度的提升，负向指标则表征城市地区对农村地区经济扩散强度的下降。设 X_{mn} 为第 m 个样本的第 n 个指标，其中 m，n = 1，2，3，…。

正向指标的处理：

$$VX_{mn} = \frac{x_{mn} - \min(x_{mn})}{\max(x_{mn}) - \min(x_{mn})} \times 40 + 60 \quad (6-1)$$

负向指标的处理：

$$VX_{mn} = \frac{\max(x_{mn}) - x_{mn}}{\max(x_{mn}) - \min(x_{mn})} \times 40 + 60 \quad (6-2)$$

由此可得到面板数据 p_{mn}，即 m 个样本 n 个指标的标准化数据。功效系数法进行数据标准化处理可以确保所有数值取值范围在 60~100，便于比较。

（二）确定各项指标权重

首先，进行数据处理，公式如下：

$$q_{mn} = p_{mn} / \sum_{m=1}^{M} p_{mn} \quad (6-3)$$

其中，m = 1，2，…，M。

其次，确定信息熵(e_n)与信息熵冗余度(d_n)，公式如下：

$$e_n = \left(\frac{1}{\ln M}\right) \cdot \sum_{m=1}^{M}(q_{mn} \cdot \ln q_{mn}) \tag{6-4}$$

$$d_n = 1 - e_n \tag{6-5}$$

最后，计算指标 n 的权重，公式如下：

$$w_n = d_n \Big/ \sum_{n=1}^{N} d_n \tag{6-6}$$

(三) 进行评价值计算

首先，计算第 n 个指标样本的第 m 个数据的评价值，公式如下：

$$P_{mn} = w_n \cdot p_{mn} \tag{6-7}$$

其次，计算第 m 个样本的总体评价值，公式如下：

$$P_m = \sum_{n=1}^{N} w_n \cdot p_{mn} \tag{6-8}$$

其中，P_m 表示第 m 个样本的总体评价值。

二、指标体系构建

本章基于宏观发展扩散、中观产业扩散及微观要素扩散三个方面构建城市地区对农村地区经济扩散效应的评价指标体系。鉴于数据的可获取性，为尽可能全面地选取准确的指标，本章构建多因素评价指标体系如表6-1所示。

表6-1 评价指标体系

一级指标	二级指标	指标说明
宏观发展扩散	居民收入	指标1：农村居民人均纯收入/城镇居民人均可支配收入
		指标2：工资性收入与财产性收入占农村居民纯收入的比例
	居民消费	指标3：农村居民人均消费额/城镇居民人均消费额
		指标4：农村社会消费品零售额/城镇社会消费品零售额
		指标5：农村居民每百户汽车拥有量/农村居民人均纯收入
		指标6：农村恩格尔系数
	公共服务	指标7：乡镇文化站个数
		指标8：农村投递路线
		指标9：交通通信支出/家庭消费总支出

续表

一级指标	二级指标	指标说明
中观产业扩散	产业主体	指标10：乡镇企业个数
	产业结构	指标11：乡镇工业企业数量/乡镇企业总数
	产业效益	指标12：农村地区居民人均纯收入/非农产业占比
微观要素扩散	劳动扩散	指标13：农村就业人数/城镇就业人数
		指标14：（农村就业人口-第一产业就业人口）/农村总人口数
		指标15：（农村就业人口/乡村总人口）/（城镇就业人口/城镇总人口）
		指标16：（乡镇私营企业人数/乡村总人口）/（城镇私营企业人数/城镇总人口）
	资本扩散	指标17：农村住户非农业固定资产投资/农村固定资产投资
		指标18：农村固定资产投资额/城镇固定资产投资额
	技术扩散	指标19：技术市场交易额/农业GDP
		指标20：农业机械总动力/农业GDP
		指标21：农村用电量/农业GDP

在宏观发展扩散层面，基于居民收入、居民消费、公共服务三个方面选取指标。居民收入视角关注城乡居民收入的均量差异（见指标1）及收入结构差异（见指标2）两个方面。居民消费视角关注城乡居民消费的均量差异（见指标3和指标4）及消费结构趋同（见指标5和指标6）两个方面。其中，农村恩格尔系数为负向指标，农村恩格尔系数越大说明食品支出占农村居民家庭消费总支出的比例越大，城乡居民消费结构差异越大，城市地区对农村地区的经济扩散效应越弱。公共服务视角关注了文化设施（见指标7）、物流设施（见指标8）、通信设施（见指标9）基本公共服务的均等化。

在中观产业扩散层面，基于产业主体、产业结构、产业效益三个方面选取指标。产业主体扩散表现为乡镇企业个数的增加（见指标10）。产业结构扩散表现为农村地区工业化水平的提升（见指标11）。产业效益扩散表现为非农产业发展对农村地区人均收入水平的扩散提升作用（见指标12），其中非农产业发展采用"1-第一产业增加值占地区生产总值的比例"进行衡量，农村地区人均收入水平采用居民人均纯收入进行衡量。

在微观要素扩散层面，基于劳动扩散、资本扩散、技术扩散三个方面选取指标。劳动扩散视角关注城乡间劳动力要素配置差异（见指标13）、农村劳动力非农就业情况(见指标14)、城乡劳动力就业率差异(见指标15)、城乡私营企业劳动力就业比例差异(见指标16)。资本扩散视角关注城乡间资本要素配置差异(见指标18)和农村地区非农固定资产投资比例(见指标17)。技术扩散视角关注农业发展的技术化程度(见指标19)、机械化水平(见指标20)、电力化水平(见指标21)。

考虑到数据的可获得性,本章研究测算得出1997~2017年我国30个省份城市地区对农村地区经济扩散效应的综合评价值。需要说明的是,由于数据欠缺,我国的西藏、香港、澳门和台湾的评价值未能测出。

第二节 城市地区对农村地区经济扩散效应的时空分析

一、城市地区对农村地区经济扩散效应的时间趋势分析

为分析我国30个省份城市地区对农村地区经济扩散效应程度时间演进态势,本节根据测算出的1997~2017年各年份的经济扩散效应平均值,绘制出时间趋势(见图6-1)。

从图6-1可以发现,城市地区对农村地区的经济扩散效应虽然在短期内呈现波动状态,但长期上升趋势明显。1998~2001年经济扩散效应呈快速上升趋势,结合政策相关1998年党的十五届三中全会中明确指出"'三农'问题是关系我国改革开放和现代化建设全局的重大问题"。2001~2002年经济扩散效应下降幅度较大,2002年党的十六大召开以后经济扩散又有了回升。2002~2007年经济扩散效应在波动中缓慢上升。2008~2012年经济扩散效应呈平稳上升趋势,党的十七届三中全会提出要实现基本公共服务均等化。2012年以后城市地区对农村地区经济扩散效应呈直线上升趋势,这主要得益于2012年党的十八大报告提出"城乡发展一体化是解决'三农'问题的根本途径",并将农业信息化、工业化与城镇化并列。

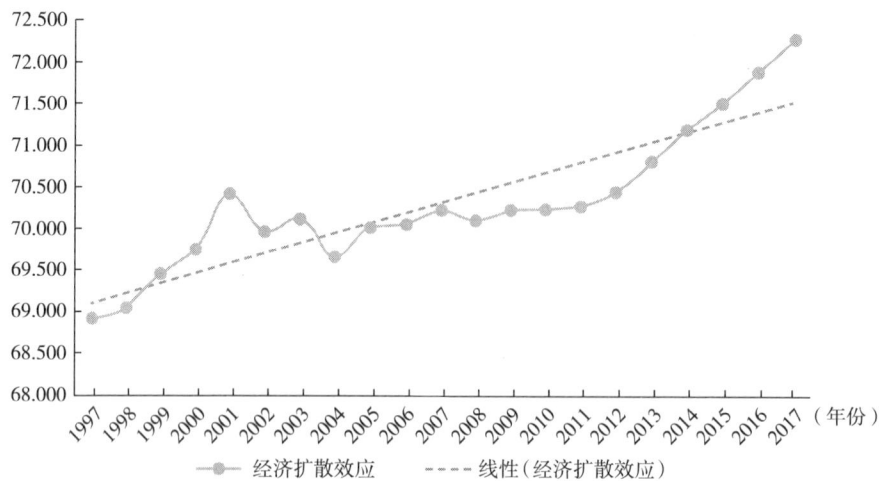

图 6-1 1997~2017 年我国城市地区对农村地区经济扩散效应的时间趋势

从数据角度分析，更能看出城市地区对农村地区经济扩散效应的实现程度受政府政策导向作用明显。

为使分析更加具体化，本节进一步观察了 30 个省份的城市地区对农村地区经济扩散的时间趋势。观察发现：1997~2017 年我国 30 个省份城市地区对农村地区经济扩散效应呈明显上升趋势。同时也发现，城市地区对农村地区经济扩散效应的区域分化现象明显，如北京、天津、河北、上海等东部沿海地区经济扩散效应平均值分别为 70.633、70.268、73.758 和 73.732，总体水平较高且经济扩散程度在不断提升，而云南、陕西、甘肃等西部省份经济扩散效应平均值普遍低于 70，总体水平较低且时间走势比较平缓。以 2001 年为例，2001 年我国 30 个省份经济扩散效应绝对差距为 7.205，到 2017 年扩大为 8.057，这也进一步表明我国城市地区对农村地区经济扩散效应的区域差异明显。

二、城市地区对农村地区经济扩散效应的空间差异分析

本节利用 ArcGIS 软件分别测绘出了 2001 年和 2017 年我国 30 个省份城市地区对农村地区地区经济扩散效应的空间分布四分位图。通过 2001 年和 2017 年的图形比较，试图发现城市地区对农村地区经济扩散效应的空间演变趋势。通过图形分析和对比发现：

其一，我国城市地区对农村地区经济扩散效应的空间分布呈现显著阶

梯性特征。2017年我国城市地区对农村地区经济扩散效应排名前六的省份分别是浙江(77.122)、河北(76.365)、上海(75.267)、北京(74.338)、天津(74.098)与山东(73.949),经济扩散效应均值为75.190。排名后六位的省份分别是吉林(70.704)、黑龙江(70.494)、甘肃(70.393)、贵州(70.146)、新疆(69.782)与海南(69.064),经济扩散效应均值为70.097。通过比较可以发现,排名前六位与排名后六位省份的经济扩散效应均值相差5.093,区域间差距明显,经济扩散效应较高的省份多为经济发展水平较高的东部沿海区域省份,而经济扩散效应较低的省份为经济水平发展一般的中西部省份。值得注意的是,地理位置优越的福建经济扩散效应却并不高,通过同广东与江浙地区对比发现福建的经济总量属中等水平,且沿海地区多山脉,北方多丘陵,复杂的地理环境增大了运输成本,不利于沿海工业区的形成,这在一定程度上阻碍了福建省城市经济对农村地区的扩散。

其二,同一区域内不同省份间城市地区对农村地区经济扩散效应差异明显。就东部地区而言,浙江、河北、上海的经济扩散效应最明显,分别达到77.122、76.365和75.267,而辽宁、福建及海南的经济扩散效应较低,分别位71.539、71.402和69.064。就中部地区而言,河南的经济扩散程度高达73.874,黑龙江却相对较低,仅为70.494。就西部地区而言,宁夏与四川经济扩散效应最高,分别为72.555和72.484,而新疆地区仅69.782。

其三,我国城市地区对农村地区经济扩散效应呈明显的空间区域特征。经济扩散效应较高的区域是京津冀、长三角地区,经济扩散效应最低的是以贵州为首的西南地区和包括新疆、甘肃在内的西北地区。其次是包括河南、湖南、湖北、江西、广东地区在内的华中与华南地区,再次是东北地区。其中青海、云南两省经济扩散效应近两年有明显提升。

对比2001年与2017年我国城市地区对农村地区经济扩散效应的空间布局,发现经济扩散效应的空间演变十分复杂且呈明显的空间集聚特征。东部地区天津、浙江及北京的经济扩散效应明显增强,分别实现了4.259、3.761及3.661的绝对增长量;中部地区吉林也实现了2.568的高增长;西部地区以青海、宁夏与云南三省增长最为明显,分别扩大了3.656、2.753与2.561,各省份经济扩散效应绝对值的增加与相对排名的变化使区域间经济扩散效应更加显著,空间演变也更为复杂。2001年经济扩散效应

明显的省份集中在以江浙沪为代表的华东区域,以及华中地区的河南与湖南,沿长江流域分布特征明显,这也印证了理论部分经济扩散效应多发生在沿江、沿河地带的分析。经济扩散效应较差的区域仍为西北与西南区域,但排名在中间的省份差距较小,空间分布比较分散,区域特征并不明显。比较而言,我国城市地区对农村地区经济扩散效应向华北、华中地区集聚明显。

第三节 城市地区对农村地区经济扩散效应的影响因素分析

一、数据来源与指标选取

本部分的实证样本为我国30个省份1997~2017年的平衡面板数据,其中由于西藏地区数据缺失严重,故做剔除处理。基于前文中关于影响因素的理论分析,本部分从城市经济扩散能力、农村扩散承接能力、城乡空间联系程度、城乡发展政府干预四个方面实证检验城市地区对农村地区经济扩散效应的影响因素。主要解释变量的指标选取与设计如下:

(一)城市经济扩散能力视角的影响因素

(1)城市规模(cs)。采用各省份"市辖区年末总人口"对城市规模进行刻画。随着城市规模的不断扩大,城市公共社会成本会不断增加,共享城市公共服务的成本以及交通拥挤和环境污染的成本会急剧上升,进而形成规模不经济,同时居民收入的提高以及通勤交通成本的降低进一步引起城市经济向周边农村地区的扩散,因而本章研究预期指标 cs 的影响系数是正向的。

(2)城市经济发展水平(eco)。采用"市辖区生产总值"刻画城市经济发展水平。一般而言,城市经济发展初期规模优势明显,经济集聚效应强于其扩散效应;随着城市经济的不断发展,规模不经济开始出现,企业为了降低成本、提高效益,将生产资本逐渐向次核心经济区转移,因此次边缘

区、边缘区的经济的发展逐渐加快。本章研究预期城市经济发展水平对城乡经济扩散的影响效应为"U"型。

(二)农村扩散承接能力视角的影响因素

(1)农业现代化水平(mod)。采用"农用机械总动力"刻画农业现代化水平。农业现代化水平的提升,使循环累计效应越显著,推动农业科技进步,进而优化农村地区的科技环境,有助于强化农村地区对城市经济扩散的承接。本章研究预期指标mod的影响系数是正向的。

(2)农村居民消费水平(con)。采用"农村居民人均消费"刻画农村居民消费水平。第七次全国人口普查结果显示我国居住在乡村的人口为50979万人,作为我国最大的消费群体,农村地区消费不足是引起我国有效需求不足的重要原因。农村居民消费水平提高在拓展城市经济的商品市场的同时,也拓宽了消费领域和消费方式,强化了城市地区对农村地区的经济扩散效应。本章研究预期指标con的影响系数是正向的。

(3)农村人力资本水平(peo)。采用"农村居民家庭平均每百人中大专及以上学历人口"刻画农村人力资本水平。农村地区实现其经济向城市地区增长式趋同的前提是,不断提高农村地区的人力资本水平,而受教育程度是表征人力资本水平的重要指标。我国农业由传统农业向现代化农业转型阶段,农村劳动力的文化程度对农村经济发展的影响愈加明显,农民文化水平越高,接纳、运用新技术的能力越强,对城乡经济扩散的承接能力也越强。本章研究预期指标peo的影响系数是正向的。

(三)城乡空间关联程度视角的影响因素

(1)城乡产业关联(gap)。借鉴既有研究的做法,本章研究设计的城乡产业关联程度测度指标如下:

$$gap = V_2 + V_3$$

$$V_2 = \frac{W_2/W}{N_2/N}$$

$$V_3 = \frac{W_3/W}{N_3/N}$$

(6-9)

其中,W_2和W_3分别表示农村地区第二、第三产业就业人数,N_2和N_3分别表示城市地区第二、第三产业就业人数,N、W分别表示城市地区

和农村地区的就业总人数。评价指标调整可得：

$$gap = \frac{N}{W}\left(\frac{W_2}{N_2} + \frac{W_3}{N_3}\right) \quad (6-10)$$

在城市经济的极化效应阶段，$\frac{N}{W}$ 的增长趋势明显，而 $\frac{W_2}{N_2} + \frac{W_3}{N_3}$ 的增长趋势并不明显，城乡产业差距扩大；在城市经济的扩散效应阶段，$\frac{N}{W}$ 的增长趋势不明显，而 $\frac{W_2}{N_2} + \frac{W_3}{N_3}$ 的增长趋势较为明显，城乡产业差距缩小。当前我国城市经济的极化效应普遍强于扩散效应，故此本章研究预期指标 gap 的影响系数是正向的。

（2）城乡交通关联（pub）。采用"每万人拥有公共交通车辆"进行衡量。城乡公共交通可以有效弥补城乡空间距离、降低通勤成本，城乡间的经济发展差距随着城乡公共交通的改善而不断缩小。本章研究预期指标 pub 的影响系数是正向的。

（四）城乡发展政府干预程度视角的影响因素

对于城乡发展政府干预程度（fe），本章研究采用"政府财政支出与地区生产总值之比"进行衡量。地方政府作为"看得见的手"主要依靠财政体系与制定相关经济政策等方式干预城乡经济发展，通过财政支出方式进行市场调控与经济结构调整。地方政府对市场的不合理过度干预会阻碍市场在资源配置中的基础性作用，加剧城乡间的市场分割，扩大城乡间的经济差距，弱化城市地区对农村地区的经济扩散。本章研究预期指标 fe 的影响系数是负向的。

上述变量主要来源于《中国城市统计年鉴》、《中国农村统计年鉴》、《中国农业年鉴》、国家统计局网站、EPS 数据库、中经网统计数据库以及各省份的统计年鉴等。主要变量的描述性统计结果如表 6-2 所示。

表 6-2 主要变量的描述性统计结果

变量	样本量	期望值	标准差	最小值	最大值
P_m	630	70.3030	1.9749	64.0800	77.1200
cs	630	1206.3650	790.8666	72.6300	4419.2900

续表

变量	样本量	期望值	标准差	最小值	最大值
eco	630	6951.0460	9545.6070	45.4100	79699.2700
con	630	5422.2310	4731.4670	848.1000	26755.0000
mod	630	2570.9020	2569.2600	95.3000	13353.0000
peo	630	2.0218	2.5697	0.0400	18.7400
pub	630	10.5402	4.0798	0.3700	26.5500
gap	630	1.3266	2.8990	0.0800	25.2000
fe	630	0.1852	0.0913	0.0500	0.6300

二、模型设立及平稳性检验

本节拟构建半对数模型进行估计，主要基于以下原因：其一，分别利用 P_m 指标的原值和对数值进行 OLS 回归进而对其残差分布进行检验，发现原值的残差项更趋近于正态分布；其二，P_m 指标数据差异较大，采用半对数模型可以削弱模型共线性与异方差性的影响。由此，本节设计半对数模型如下：

$$P_m = \beta_0 + \beta_1 \ln(cs) + \beta_2 [\ln(eco)]^2 + \beta_3 \ln(eco) + \beta_4 \ln(mod) + \\ \beta_5 \ln(con) + \beta_6 \ln(peo) + \beta_7 \ln(gap) + \beta_8 \ln(pub) + \beta_9 \ln(fe) + \varepsilon_{it}$$

(6-11)

其中，β_i 为第 i 个解释变量的估计系数，β_0 表示常系数，ε_{it} 为随机误差项。考虑到城市经济发展水平可能存在非线性影响效应，本节在模型中同时引入了城市经济发展水平的二次项指标和一次项指标。为避免回归过程中由于数据不平稳导致伪回归现象，本节在实证之前利用 LLC 检验、ADF-fisher、PP-fisher 三种常用的单位根检验方法对主要解释变量的数据序列平稳性进行检验。结果显示所有变量的一阶单整序列均拒绝原假设，可以进一步进行协整检验。本节选用面板 KAO 检验方法对所有需要回归的面板数据进行协整检验，结果显示面板数据各变量之间存在严格的协整关系，不存在伪回归。

三、基准估计结果分析

表 6-3 报告了全体样本下城市地区对农村地区经济扩散效应的影响因素的基准估计结果。

表6-3　城市地区对农村地区经济扩散效应影响因素的基准估计结果

影响因素	解释变量	(1)	(2)	(3)	(4)	(5)
城市经济扩散能力	$\ln(cs)$	1.7450*** (9.17)	1.6388*** (8.57)	1.6838*** (8.82)	1.6410*** (8.65)	1.6899*** (8.81)
	$[\ln(eco)]^2$	0.0452** (1.99)	0.0219 (0.98)	0.0264 (1.18)	0.0384* (1.68)	0.0244 (1.09)
	$\ln(eco)$	-1.7716*** (-4.36)	-1.1012*** (-2.86)	-1.3714*** (-3.46)	-1.4602*** (-3.67)	-1.1534*** (-3.00)
农村扩散承接能力	$\ln(con)$	2.1222*** (10.46)	2.3874*** (12.65)	2.4414*** (12.92)	2.1828*** (11.03)	2.2849*** (11.83)
	$\ln(mod)$	0.2306** (2.56)		0.2369*** (2.63)		
	$\ln(peo)$	0.3695*** (3.10)			0.3836*** (3.22)	
城乡空间关联程度	$\ln(pub)$	0.4807*** (2.78)				0.4078** (2.34)
	$\ln(gap)$	-0.5636*** (-4.81)	-0.5889*** (-7.77)	-0.3896*** (-3.64)	-0.7229*** (-8.40)	-0.6225*** (-8.10)
城乡政府干预程度	$\ln(fe)$	-0.9645*** (-5.69)	-0.8867*** (-5.35)	-0.8438*** (-5.09)	-1.0210*** (-6.01)	-0.8784*** (-5.31)
常数项	C	47.2439*** (21.85)	44.9021*** (23.01)	44.9055*** (23.04)	44.4477*** (22.82)	48.0155*** (22.20)
R-squared		0.5754	0.5592	0.5641	0.5665	0.5631
F值		93.37***	131.75***	114.98***	116.10***	114.52***

注：括号内数值为 t 值或 z 值统计量，*、**、*** 分别表示显著性水平为10%、5%、1%。

考虑到农业现代化水平、农村人力资本水平、公共交通水平之间可能存在共线性问题，表6-3中列(3)~列(5)中分别单独引入了农业现代化水平、农村人力资本水平、城乡交通关联三个指标，且列(2)中剔除了这三个指标。估计结果表明：

其一，城市经济扩散能力提升可以强化城市地区对农村地区的经济扩散效应，但存在极化效应向扩散效应的经济阶段性调整。①城市规模的扩大可以强化城市地区对农村地区的经济扩散效应。在列(1)~列(5)中，指标 cs 的影响系数均在 1% 的水平上显著为正。随着城市规模的不断扩大，城市公共社会成本会不断增加，共享城市公共服务的成本以及交通拥挤和环境污染的成本会急剧上升，进而形成规模不经济，同时居民收入的提高以及通勤交通成本的降低进一步引起城市经济向周边农村地区的扩散。②城市经济发展水平的影响存在极化效应向扩散效应的阶段调整。城市经济发展水平对城乡经济扩散的影响效应为"U"型。在列(1)~列(5)中，指标 eco 的二次项影响系数均为正，而指标 eco 的一次项影响系数均在 1% 的水平上显著为负。城市经济发展初期规模优势明显，经济集聚效应强于其扩散效应；随着城市经济的不断发展，规模不经济开始出现，企业为了降低成本、提高效益，将生产资本逐渐向次核心经济区转移，因此次边缘区、边缘区的经济的发展逐渐加快。

其二，农村扩散承接能力提升可以强化城市地区对农村地区的经济扩散效应。①农村居民消费水平的提升可以强化城市地区对农村地区的经济扩散效应。在列(1)~列(5)中，指标 con 的影响系数均在 1% 的水平上显著为正。作为我国最大的消费群体，农村地区消费不足是引起我国有效需求不足的重要原因。农村居民消费水平的提高在拓展城市经济的商品市场的同时，也拓宽了消费领域和消费方式，强化了城市地区对农村地区的经济扩散效应。②农业现代化水平的提升可以强化城市地区对农村地区的经济扩散效应。在列(1)和列(3)中，指标 mod 的影响系数至少在 5% 的水平上显著为正。农业现代化水平的提升使循环累计效应显著，推动农业科技进步，进而优化农村地区的科技环境，有助于强化农村地区对城市经济扩散的承接。③农村人力资本水平的提升可以强化城市地区对农村地区的经济扩散效应。在列(1)和列(4)中，指标 peo 的影响系数在 1% 的水平上显著为正。农村人力资本水平越高，农村地区市场主体接纳、运用新技术的能力越强，对城乡经济扩散的承接能力也越强。

其三，城乡空间关联程度的提升可以强化城市地区对农村地区的经济扩散效应。①城乡产业关联程度的提升可以强化城市地区对农村地区的经济扩散效应。在列(1)~列(5)中，指标 gap 的影响系数均在 1% 的水平上显著为负。如前所述，在城市经济的极化效应阶段，指标 gap 值的提升体现为 $\frac{N}{W}$ 的增长趋势明显以及 $\frac{W_2}{N_2}+\frac{W_3}{N_3}$ 的增长趋势不明显，即城乡产业关联程

度越小。指标 gap 的系数为负表明城乡产业关联程度越小,城市地区对农村地区的经济扩散效应越强。②城乡交通关联程度的改善可以强化城市地区对农村地区的经济扩散效应。在列(1)和列(5)中,指标 pub 的影响系数至少在5%的水平上显著为正。这表明,城乡间的经济发展差距随着城乡公共交通的改善而不断缩小。

其四,过度的城乡政府干预削弱了城市地区对农村地区的经济扩散效应。在列(1)~列(5)中,指标 fe 的影响系数均在1%的水平上显著为负。地方政府对市场的不合理过度干预会阻碍市场在资源配置中的基础性作用,加剧城乡间的市场分割,扩大城乡间的经济差距,弱化城市地区对农村地区的经济扩散。

四、区域异质性检验

不同区域的市场机制及禀赋条件均存在差异,故此本节将进一步讨论城市地区对农村地区经济扩散效应的影响因素的区域异质性。本节按照国家统计局对东中西部的划分方法进行区域划分,东部地区11个省份包括北京、天津、河北、辽宁、山东、江苏、浙江、上海、福建、广东和海南;中部地区8个省份包括黑龙江、吉林、河南、安徽、湖南、湖北、江西和山西,剩余省份为西部地区省份。前文中引入城市经济发展水平的二次项系数是考虑到城市经济不同阶段的不同影响效应,在区域异质性和规模异质性分析中已经考察了城市经济发展的阶段性,故此不再引入城市经济发展水平的二次项。表6-4报告了城市地区对农村地区经济扩散效应的影响因素的区域异质性检验结果。

表6-4 城市地区对农村地区经济扩散效应的影响因素的
区域异质性的检验结果

影响因素	解释变量	中西部地区	东部地区
城市经济扩散能力	$\ln(cs)$	1.5173*** (9.49)	0.8910 (1.61)
	$[\ln(eco)]^2$	0.0418* (1.85)	-0.2146*** (-4.49)
	$\ln(eco)$	-2.0165*** (-5.55)	3.3051*** (3.40)

续表

影响因素	解释变量	中西部地区	东部地区
农村扩散承接能力	ln(con)	2.1152*** (12.29)	2.4048*** (5.31)
	ln(mod)	0.8210*** (6.85)	0.2536 (1.63)
	ln(peo)	0.1743* (1.77)	0.4043 (1.37)
城乡空间关联程度	ln(pub)	0.3247** (2.28)	0.2926 (0.70)
	ln(gap)	-0.8595*** (-7.22)	-0.4565** (-2.05)
城乡政府干预程度	ln(fe)	-0.3003 (-1.43)	-2.2193*** (-4.47)
常数项	C	47.5930*** (24.87)	24.4972*** (4.89)
R-squared		0.6923	0.6214
F 值		97.2297	40.3112

注：括号内数值为 t 值或 z 值统计量，***，** 和 * 分别代表在1%、5%与10%水平上显著。

就 F 值而言，相较于东部地区，中西部地区各解释变量对被解释变量具有更强的解释力。从解释变量的显著性和系数符号来看，城市地区对农村地区经济扩散效应的影响因素存在显著的区域异质性，具体而言：其一，相较于东部地区，中西部地区城市地区（扩散源）经济扩散能力的提升可以更为显著强化城市地区对农村地区经济扩散效应。其二，就农村扩散承接能力而言，农村居民消费水平和农村人力资本水平的提升可以更好地强化东部地区城市地区对农村地区经济扩散效应，而农业现代化水平的改善可以更好地强化中西部地区城市地区对农村地区经济扩散效应。其三，相较于东部地区，中西部地区城乡空间关联程度的提升可以更为显著地强化城市地区对农村地区经济扩散效应。其四，在市场机制更为完善的东部地区，政府干预更为显著地削弱了城市地区对农村地区经济扩散效应。

区际经济扩散效应的形成机制、计量评价与强化策略

第四节
本章小结

强化城市地区对农村地区的经济扩散效应，对于推进城乡融合发展、实现乡村振兴具有重要的理论与现实意义。本章从宏观发展、中观产业和微观要素三个维度构建指标体系，利用熵值法测度了我国 30 个省份 1997~2017 年城市地区对农村地区的经济扩散效应，进而从城市经济扩散能力、农村扩散承接能力、城乡空间联系程度、城乡发展政府干预四个方面着手，构建半对数模型实证检验城市地区对农村地区经济扩散效应的影响因素。

本章的主要研究发现：

其一，整体而言，西部地区城市地区对农村地区经济扩散效应远低于东中部地区。城市地区对农村地区经济扩散效应排名前十的省份中，东部地区省份占 60%，四川省是西部地区唯一一个列入前十的省份。排名第十到第二十的省份中，东、中、西部地区省份的比例分布较为均衡；排名后十的省份中，西部地区省份占比达 60%。

其二，就时间趋势而言，全国范围内城市地区对农村地区经济扩散效应短期内虽有波动，但整体上升趋势明显且受政府政策影响较大。北京、天津、河北、上海等东部沿海地区城市地区对农村地区经济扩散效应总体水平较高且在不断提升。云南、陕西、甘肃等西部地区城市地区对农村地区经济扩散效应普遍较低且走势比较平缓。

其三，就空间布局而言，城市地区对农村地区经济扩散效应呈现东中西阶梯式分布明显，同一区域内不同省份间的差异较大。经济扩散效应区域集聚特征明显，经济扩散效应较高的区域集中在京津冀、长三角地区，其次是华中和华南地区，再次是东北地区。城市地区对农村地区经济扩散效应最低的是以贵州为首的西南地区和包括新疆、甘肃在内的西北地区。

第六章 城市地区对农村地区经济扩散效应的计量评价

其四，城市经济扩散能力提升可以强化城市地区对农村地区的经济扩散效应，但存在极化效应向扩散效应的经济阶段性调整。农村扩散承接能力提升可以强化城市地区对农村地区的经济扩散效应。城乡空间关联程度的提升可以强化城市地区对农村地区的经济扩散效应。过度的城乡政府干预削弱了城市地区对农村地区的经济扩散效应。

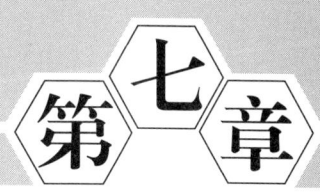

强化发达地区对欠发达地区经济扩散效应的思路与策略

"一个区域增长极是指区位在一个城市区,并在其影响范围内引导经济活动进一步发展的一系列推进型产业。"

——布代维尔(Boudeville,1966)《区域经济规划问题》

基于前文理论分析与计量评价可知，强化发达地区对欠发达地区经济扩散效应可以有效促进区域间的平衡和协同发展。为此，本章在梳理区际经济扩散效应强化思路的基础上，分别从省际、城际和城乡三个方面提出发达地区对欠发达地区经济扩散效应的强化策略。

第一节 强化发达地区对欠发达地区经济扩散效应的思路

新发展格局下推进我国区际协同发展新机制构建的关键在于，强化发达地区对欠发达地区的经济扩散效应，进而推进两类区域的共同发展，并形成有效的内生机制。为此，本部分从以下四个方面设计强化发达地区对欠发达地区经济扩散效应的理论思路。

一、经济扩散效应强化的前提：建设全国统一大市场

在市场机制作用下，发达地区对欠发达地区经济扩散效应得以有效发挥的关键在于两者之间可以形成统一的大市场。建设全国统一大市场是构建新发展格局的基础支撑和内在要求，也是强化区际经济扩散效应的前提。《中共中央 国务院关于加快建设全国统一大市场的意见》提出，要"加快建立全国统一的市场制度规则，打破地方保护和市场分割，打通制约经济循环的关键堵点，促进商品要素资源在更大范围内畅通流动，加快建设高效规范、公平竞争、充分开放的全国统一大市场"。从外化表现来看，统一大市场建设的关键特性是资源自由流动和市场对内开放，核心特征是市场一体化。统一大市场建设推动区际经济扩散效应的表现为"集聚中带来均衡发展"。克鲁格曼(Krugman，1991)提出的核心—边缘模型认为，市场一体化的推进会加速资源在城市之间的流动从而带来集聚效应，然而发达地区的要素资源集聚会带来要素资源使用成本的上升，使发达地区与欠发达地区的要素相对价格趋于均等化，进而导致企业由发达地区向欠发达

地区转移，形成要素资源回流和产业转移，外化表现为经济扩散效应，使区域间的发展从"集聚中走向平衡"。随着全国统一大市场建设的深入推进，城际要素相对价格均等化机制驱动进一步强化了发达地区的要素资源与企业产业向欠发达地区的扩散效应，进而在城际商品市场和要素市场形成双向资源配置的发展模式，区域间经济发展不断趋于平衡，区域协同发展水平也得到不断提升。

全国统一大市场建设使市场在区域之间资源配置中的决定性作用被强化。与之相反的，市场分割则是阻碍市场发挥其区际资源配置作用的主要因素，它约束了发达地区通过市场机制对欠发达地区的带动作用，制约了经济扩散效应的有效发挥。同时，市场分割使我国区域间的知识溢出率降低，进而使技术扩散效应不显著，最终减缓了区域经济增长和相对平衡发展的进程。为此，推动全国统一大市场建设显得尤为重要。

就省际和城际维度而言，应当按照建设统一、开放、竞争、有序的市场体系要求，推动京津冀、长江经济带、粤港澳大湾区等区域市场建设，加快探索建立规划制度统一、发展模式共推、治理方式一致、区域市场联动的区域市场一体化发展新机制，促进形成全国统一大市场。此外，还需实施全国统一的市场准入负面清单制度，消除歧视性、隐蔽性的区域市场准入限制。特别是，针对各级政府，应当消除区域市场壁垒，打破行政性垄断，清理和废除妨碍统一市场和公平竞争的各种规定和做法。

就城乡维度而言，市场一体化的推进应当着力于打破阻碍劳动力在城乡、区域间流动的不合理壁垒，促进人力资源优化配置。同时，引导科技资源按照市场需求优化城乡空间配置，促进创新要素充分流动。特别是，要加快深化农村土地制度改革，推动建立城乡统一的建设用地市场，进一步完善承包地所有权、承包权、经营权"三权"分置制度。

在全国统一大市场建设的推进过程中，需要着重关注以下方面：一是立足内需，畅通循环。以高质量供给创造和引领需求，使生产、分配、流通、消费各环节更加畅通，提高市场运行效率，进一步巩固和扩展市场资源优势，使建设超大规模的国内市场成为一个可持续的历史过程。二是立破并举，完善制度。从制度建设着眼，明确阶段性目标要求，压茬推进统一市场建设，同时坚持问题导向，着力解决突出矛盾和问题，加快清理废除妨碍统一市场和公平竞争的各种规定和做法，打破各种封闭小市场、自

我小循环。三是有效市场,有为政府。坚持市场化、法治化原则,充分发挥市场在资源配置中的决定性作用,更好发挥政府作用,强化竞争政策基础地位,加快转变政府职能,用足用好超大规模市场优势,让需求更好地引领优化供给,让供给更好地服务扩大需求,以统一大市场集聚资源、推动增长、激励创新、优化分工、促进竞争。四是系统协同,稳妥推进。不断提高政策的统一性、规则的一致性、执行的协同性,科学把握市场规模、结构、组织、空间、环境和机制建设的步骤与进度,坚持放管结合、放管并重,提升政府监管效能,增强在开放环境中动态维护市场稳定、经济安全的能力,有序扩大统一大市场的影响力和辐射力。

二、经济扩散效应强化的条件:拓展空间链条式网络

一般而言,经济扩散效应会随着空间距离的扩大而不断削弱,即呈现随地理衰减的特征。基于技术扩散视角的研究发现,每10%的距离差异会产生0.15%的生产率差异(Autant-Bernard and LeSage,2011)。基于制度扩散视角的研究发现,制度创新的扩散效应存在一定的辐射范围,且随着地区之间距离的变化有一定的规律,不同的制度变量存在着不同的辐射范围,其辐射范围大约在375~400千米(胡晓辉,2015)。因此,拓展空间链条式网络是政府部门强化区际经济扩散效应、推动区际协同发展的重要现实路径。空间链条式网络包括有形和无形两类,有形链条主要是指交通基础设施等将发达地区与欠发达地区联通起来的公共设施,而无形链条主要是指实现发达地区与欠发达地区连接起来的无形纽带,如资源虚拟集聚、产业链和创新链等。

(一)空间有形链条式网络的拓展

交通基础设施是拓展空间网络的主要有形链条,是为居民出行和社会产品运输提供交通服务的固定工程设施,包括公路、铁路、桥梁、隧道、机场、港口、航道以及城市轨道、城市道路及配套设施等。

交通基础设施的改善是拓展空间经济网络的主要手段。一方面,交通改善在降低了运输成本的同时随着交通线连结城市数量的增加扩展了区域空间,带动城市之间各种要素资源的互补互动和区域协同发展。另一方面,交通网络使交通线连结的城市越多,形成的交通网络越密集,将通过交通网络效应实现"以网带面"的发展格局,实现各地区之间优势互补。因

此，各级政府部门应当积极优化交通设施的建设，特别是拓宽交通网络，构建海陆空多层次的交通体系，形成多终端有效衔接的交通系统。虽然交通基础设施进步对经济增长还是以正的空间溢出效应为主，但也有学者提出质疑，认为交通基础设施改善也会加速劳动力人口流向经济发达地区，从而抑制欠发达地区的经济发展。但在要素相对价格均等化机制的作用下，这一外化效应为极化效应的经济现象会不断被削弱。

未来，随着新一代信息技术、通信技术、数据技术的发展，信息数据等新的生产要素不断融入交通产业，传统交通业日益向更加精准快捷的现代交通业转型，交通新业态不断涌现。为适应交通新模式、新业态发展，我国交通基础设施的信息化、智能化水平也大幅提高。例如：北斗卫星导航系统在交通行业的前装率和使用率显著提高；广州、深圳、上海、杭州等一批城市正在着力打造智能交通示范城市；网约车、共享单车、共享汽车等交通新业态的市场规模急剧扩大等。

(二) 空间无形链条式网络的拓展

(1) 资源虚拟集聚。资源集聚是实现极化效应的重要表现特征。当区域经济发展进入经济扩散效应阶段，欠发达地区地方政府积极推动本地区的资源集聚也是强化其承接发达地区经济扩散效应的重要路径。传统思维下，资源集聚指的是经济资源在地理空间上的集聚，然而这一类型的集聚具有排他性，即先发地区使用的创新资源可能无法在后发地区使用。随着"互联网+"和交通物流业的发展，信息化驱动着我国政府部门不能仅仅局限于资源的地理集聚，更应当关注日益显现的虚拟集聚。虚拟集聚表现出三点特征(王如玉等，2018)：一是资源依托于互联网的虚拟空间进行集聚；二是信息技术发展可以拓宽虚拟集聚的空间；三是虚拟集聚具有共享性而不具有排他性。通过资源虚拟集聚，欠发达地区可以与发达地区进行优势资源共享，这对于区际经济扩散效应的强化具有显著积极作用。

(2) 产业链的拓展。产业链是实现区域之间产业连接的重要渠道，也是在产业层面畅通发达地区对欠发达地区经济扩散效应的重要依托。一般而言，产业链是各个产业部门之间基于一定的技术经济联系和时空布局关系而客观形成的链条式关联形态，通常可以从价值链、企业链、供需链和空间链四个维度进行考察。产业链涵盖产品生产或服务提供的全过程，包

括动力提供、原材料生产、技术研发、中间品制造、终端产品制造乃至流通和消费等环节，是产业组织、生产过程和价值实现的统一。通过跨区域产业链的拓展，实现劳动、资本、技术等生产要素的扩散，同时带动了产业转移与承接，强化了区际经济扩散效应。

(3) 创新链的拓展。创新链是实现区域之间技术扩散的主要渠道，也是在技术溢出层面实现发达地区对欠发达地区经济扩散效应的重要路径。创新链是指围绕某一个创新的核心主体，以满足市场需求为导向，通过知识创新活动将相关的创新参与主体连接起来，以实现知识的经济化过程与创新系统优化目标的功能链节结构模式。创新链是由要素整合、研发创造、商品化、社会效用化四个环节组成，其中要素整合环节主要是培养、调动以及整合人员、资金、设备、信息和知识储备等各创新要素，形成成套的科研力量乃至体系；研发创造环节是在要素整合环节的基础上，科研力量自发研究或者承接科研项目，发现新知识，形成新技术或其他科研成果的过程环节；商品化环节是将上一个环节的科研成果进一步与人员、资金、设备、信息、工艺、管理等要素结合，经过创意过程打造成具有价值的商品在市场上营销推广，并形成新兴产业或者应用于生产过程之中，从而产生经济效益的环节；社会效用化环节是将科研成果或形成的商品应用于社会生活等领域的环节。创新链的四个环节可以在技术扩散路径中实现要素扩散、产业扩散和区域之间的发展扩散，有效形成了空间链条式网络。

然而，无论是交通网络拓展还是资源虚拟集聚以及产业(创新)链拓展，都离不开政府区域合作机制的构建。就省际维度而言，支持省域之间的合作发展，探索建立统一规划、统一管理、合作共建、利益共享的合作新机制，深化京津冀地区、长江经济带、粤港澳大湾区等经济区域内的政府合作，关键是提升合作层次和水平。同时，政府部门应当积极发展各类社会中介组织，有序发展区域性行业协会商会，鼓励企业组建跨地区跨行业产业、技术、创新、人才等合作平台。就城际维度而言，加强城市群内部城市间的紧密合作，推动城市间产业分工、基础设施、公共服务、环境治理、对外开放、改革创新等协同联动，加快构建大中小城市和小城镇协同发展的城镇化格局。积极探索建立城市群协同治理模式，鼓励成立多种形式的城市联盟，同时建立健全跨省城市政府间联席会议制度，完善省际

会商机制。

三、经济扩散效应强化的基础：有效市场和有为政府

区际经济扩散效应的强化，需要坚持和完善社会主义基本经济制度，充分发挥市场在资源配置中的决定性作用，更好发挥政府作用，推动有效市场和有为政府更好结合。

(一) 强化经济扩散效应的有效市场建设

有效市场可以完善区际资源配置的市场调节机制，是强化区际经济扩散效应的重要动力机制。有效市场的建设应当做好市场主体建设和市场环境优化两个方面，市场主体的建设可以强化区际经济扩散效应的主动性，而市场环境的优化可以强化区际经济扩散效应的外部性。

在市场主体建设方面，要毫不动摇巩固和发展公有制经济，毫不动摇鼓励、支持、引导非公有制经济发展，培育更有活力、创造力和竞争力的市场主体。具体而言：一是加快国有经济布局优化和结构调整，做强做优做大国有资本和国有企业。二是推动国有企业完善中国特色现代企业制度，加快建立权责法定、权责透明、协调运转、有效制衡的公司治理机制。三是健全以管资本为主的国有资产监管体制，坚持授权与监管相结合、放活与管好相统一，大力推进国资监管理念、重点、方式等多方位转变。四是促进民营企业高质量发展，鼓励民营企业改革创新，提升经营能力和管理水平，引导有条件的民营企业建立现代企业制度。

在市场环境优化方面，要实施高标准市场体系建设行动，健全市场体系基础制度，坚持平等准入、公正监管、开放有序、诚信守法，形成高效规范、公平竞争的国内统一市场。具体而言：一是全面完善产权制度，健全归属清晰、权责明确、保护严格、流转顺畅的现代产权制度。二是推进要素市场化配置改革，建立健全城乡统一的建设用地市场，健全统一规范的人力资源市场体系，发展技术和数据要素市场，特别是健全要素市场运行机制，完善交易规则和服务体系。三是强化竞争政策基础地位，坚持鼓励竞争、反对垄断，完善竞争政策框架，构建覆盖事前、事中、事后全环节的竞争政策实施机制。四是健全社会信用体系，建立健全信用法律法规和标准体系，推广信用承诺制度，建立公共信用信息和金融信息的共享整合机制。

(二)强化经济扩散效应的有为政府建设

有为政府可以弥补市场失灵,形成要素流动、产业转移和发展扩散的合理政府调控,是强化区际经济扩散效应的重要动力机制。有为政府建设应当做好两个方面,一是建立现代财税金融体制,二是提升政府经济治理能力。

建立现代财税金融体制方面,要更好地发挥财政在国家治理中的基础和重要支柱作用,增强金融服务实体经济能力,健全符合高质量发展要求的财税金融制度。具体而言:一是加快建立现代财政制度,深化预算管理制度改革,加强财政资源统筹,建立权责清晰、财力协调、区域均衡的中央和地方财政关系,完善财政转移支付制度;二是完善现代税收制度,聚焦支持稳定制造业、巩固产业链、供应链,进一步优化增值税制度;三是深化金融供给侧结构性改革,健全具有高度适应性、竞争力、普惠性的现代金融体系,构建金融有效支持实体经济的体制机制。

提升政府经济治理能力方面,要加快转变政府职能,建设职责明确、依法行政的政府治理体系,创新和完善宏观调控,提高政府治理效能。具体而言:一是完善宏观经济治理,健全以国家发展规划为战略导向,以财政政策和货币政策为主要手段,就业、产业、投资、消费、环保、区域等政策紧密配合,目标优化、分工合理、高效协同的宏观经济治理体系;二是构建一流营商环境,深化简政放权、放管结合、优化服务改革,全面实行政府权责清单制度,持续优化市场化、法治化、国际化营商环境;三是推进监管能力现代化,健全以"双随机、一公开"监管和"互联网+监管"为基本手段、以重点监管为补充、以信用监管为基础的新型监管机制,推进线上线下一体化监管。

通过有效市场和有为政府的协同机制,贯通生产、分配、流通、消费各环节,形成发达地区与欠发达地区之间共同发展的内生动力,促进发达地区对欠发达地区经济扩散效应的强化。

四、经济扩散效应强化的核心:培育区域发展增长极

扩散效应的主体是区域发展的增长极和动力源,在三重维度下分别表现为先发省份、中心城市和城镇地区。区域经济发展国内大循环模式构建的前提则是培育区域经济发展的新增长极和动力源,进而通过增长极和动力源的内生扩散效应强化区域经济协同发展。具体而言,应当做到以下几

个方面:

(一)开拓高质量发展的重要增长极

以中心城市和城市群等经济发展优势区域为重点,增强经济和人口承载能力,带动全国经济效率整体提升。以京津冀、长三角、粤港澳大湾区为重点,提升创新策源能力和全球资源配置能力,加快打造引领高质量发展的第一梯队。在中西部有条件的地区,以中心城市为引领,提升城市群功能,加快工业化、城镇化进程,形成高质量发展的重要区域。破除资源流动障碍,优化行政区划设置,提高中心城市综合承载能力和资源优化配置能力,强化对区域发展的辐射带动作用。

(二)健全"以城带乡"发展体制机制

走中国特色社会主义乡村振兴道路,全面实施乡村振兴战略,强化以工补农、以城带乡,推动形成工农互促、城乡互补、协调发展、共同繁荣的新型工农城乡关系,加快农业农村现代化。重点是,建立健全城乡要素平等交换、双向流动政策体系,促进要素更多向乡村流动,增强农业农村发展活力。特别是,要大力发展县域经济,推进农村一二三产业融合发展,延长农业产业链条,发展各具特色的现代乡村富民产业。

(三)完善中心城市的辐射带动作用

发展壮大城市群和都市圈,分类引导大中小城市发展方向和建设重点,形成疏密有致、分工协作、功能完善的城镇化空间格局,以强化中心城市辐射带动作用。一是推动城市群一体化发展,以促进城市群发展为抓手,全面形成"两横三纵"城镇化战略格局。优化提升京津冀、长三角、珠三角、成渝、长江中游等城市群,发展壮大山东半岛、粤闽浙沿海、中原、关中平原、北部湾等城市群,培育发展哈长、辽中南、山西中部、黔中、滇中、呼包鄂榆、兰州—西宁、宁夏沿黄、天山北坡等城市群。二是建设现代化都市圈,依托辐射带动能力较强的中心城市,提高一小时通勤圈协同发展水平,培育发展一批同城化程度高的现代化都市圈。三是优化提升超大特大城市中心城区功能,坚持产城融合,完善郊区新城功能,实现多中心、组团式发展。

(四)积极强化省际层面的先发带动作用

深入推进西部大开发、东北全面振兴、中部地区崛起、东部率先发

第七章 强化发达地区对欠发达地区经济扩散效应的思路与策略

展，支持特殊类型地区加快发展，在发展中促进相对平衡。建立健全区域战略统筹、市场一体化发展、区域合作互助、区际利益补偿等机制，更好地促进发达地区和欠发达地区、东中西部和东北地区共同发展。提升区域合作层次和水平，支持省际交界地区探索建立统一规划、统一管理、合作共建、利益共享的合作新机制。

此外，新增长极和动力源需要考虑区域异质性的差异。对于东部沿海地区而言，应推进城市群都市圈建设，进一步增强中心城市的经济发展优势区域，培育次中心城市以及城市群大区域内更小区域的低层次中心城市。而科学合理的发展规划是发挥城市群都市圈基础设施的综合效益、促进相互协同进而优化资源配置的前提。特别是，需要合理安排城市群内部结构，形成以超级大城市、都市圈、城市群多重嵌套、分工协作的新格局；采取"多中心、组团式"策略合理布局中心城市功能集聚区；注重以联通高效、无缝对接的综合交通网络降低城市"人流""物流"综合成本。对于西部地区而言，应当着力规避"资源禀赋优势陷阱"，应从制度改革为切入点，强化对先发地区产业转移和要素转移的承接，推动技术革新和自主创新，进而促进形成优势互补、高质量发展的区域经济布局。

第二节 强化先发省份对后发省份经济扩散效应的策略

省级行政区是我国区域发展格局形成和经济区位演变的主要可观察维度。强化先发省份对后发省份的经济扩散效应是目前我国应对区域发展不平衡、不充分的重要路径。

一、多区位发展格局优化与省际经济扩散效应强化

深入推进西部大开发、东北全面振兴、中部地区崛起、东部率先发展，通过区域格局化发展战略推进区际经济扩散效应的强化，进而在发展

中促进相对平衡。

(一) 推进西部大开发强化扩散效应承接

强化举措推进西部大开发，切实提高政策精准性和有效性，通过要素配置和产业布局等路径强化西部地区省份的经济扩散效应承接能力。在战略规划中，一是要积极融入"一带一路"建设，强化开放大通道建设，构建内陆多层次开放平台；二是要加大西部地区基础设施投入，支持发展特色优势产业，补齐教育、医疗卫生等民生领域短板；三是要推进成渝地区双城经济圈建设，打造具有全国影响力的重要经济中心、科技创新中心、改革开放新高地；四是要提升关中平原城市群建设水平，促进西北地区与西南地区合作互动。此外，要支持新疆建设国家"三基地一通道"，支持西藏打造面向南亚开放的重要通道。

(二) 推动东北振兴形成扩散效应动能

东北地区是我国老工业基地，在增长极塑造和经济扩散效应承接方面均不断趋于完善。在经济扩散效应强化策略设计中，应做到：在经济扩散效应的承接方面，要加快转变政府职能，深化国有企业改革攻坚，着力优化营商环境，大力发展民营经济。在经济增长极的建设方面，要打造辽宁沿海经济带，建设长吉图开发开放先导区，提升哈尔滨对俄合作开放能级。在区际经济扩散的产业机制方面，要加快发展现代农业，加大生态绿色产业链的联通，改造提升装备制造等传统优势产业，培育发展新兴产业，大力发展地区特色产业，形成新的均衡发展产业结构和竞争优势。

(三) 开创中部崛起塑造扩散效应传导

中部地区在我国区域发展格局中扮演着"承上启下"的扩散效应传导者角色。在经济扩散效应强化策略设计中，应做到：一是要着力打造重要先进制造业基地、提高关键领域自主创新能力、建设内陆地区开放高地、巩固生态绿色发展格局，推动中部地区加快崛起；二是要做大做强先进制造业，在长江、京广、陇海、京九等沿线建设一批中高端产业集群，积极承接新兴产业布局和转移；三是要推动长江中游城市群协同发展，加快武汉、长株潭都市圈建设，打造全国重要增长极；四是要支持淮河、汉江生态经济带上下游合作联动发展；五是要加快对外开放通道建设，高标准、高水平建设内陆地区开放平台。

(四) 推动东部形成现代化增长极

东部地区省份是我国主要增长极的区位分布所在地，因此强化东部地区扩散效应的重要路径是形成现代化增长极。在经济扩散效应强化策略设计中，应做到：一是发挥创新要素集聚优势，加快在创新引领上实现突破，推动东部地区率先实现高质量发展；二是加快培育世界级先进制造业集群，引领新兴产业和现代服务业发展，提升要素产出效率，率先实现产业升级；三是更高层次参与国际经济合作和竞争，打造对外开放新优势，率先建立全方位开放型经济体系；四是支持深圳建设中国特色社会主义先行示范区、浦东打造社会主义现代化建设引领区、浙江高质量发展建设共同富裕示范区，同时要重点深入推进山东新旧动能转换综合试验区建设。

二、区域差异、地理衰减与省际经济扩散效应强化

(一) 区域差异化视角的经济扩散效应强化策略

在省际经济扩散效应格局中，先发省份与后发省份面对的关键问题是不一致的。虽然东部沿海先发省份经济发展水平高于后发省份，但先发省份在双循环新发展格局中亟待梳理自身的机遇与挑战，进而实现高质量的"破冰"发展。后发省份承接先发省份的经济扩散效应可能会受到自身经济吸收能力的限制，可能引致经济扩散效应红利的利用效率低下。此外，省际经济扩散效应存在区域异质性，具体表现为：一是在先发省份对周边后发省份的经济扩散效应要强于先发省份对较远地区后发省份；二是先发省份通过向后发省份的要素流动和产业转移等经济扩散机制使后发省份追赶先发省份经济发展成为可能。在上述区域差异化视角下，省际经济扩散效应的强化应做到：其一，推动先发省份转型省际，强化经济扩散效应强度。百年未有之大变局使先发省份需要加快经济转型升级的步伐，进而强化经济扩散效应紧密协同周边省份实现共同发展，特别是要紧跟国际经济发展步伐，实现经济创新改革，不仅会缓解先发省份自身发展难题，也会带动周边省份经济发展，实现共同富裕。其二，完善后发省份设施建设，提升后发省份经济扩散承接能力。后发省份是承接先发省份经济扩散的重要载体，并且距离先发省份空间距离较近的地区可以基于地理区位和交通成本能够更好地承接先发省份的经济扩散效应。因此，需要完善交通基础

设施、公共通信设施等基础设施建设，提升后发省份的经济扩散效应承接能力。其三，优化人才合作交流制度，形成省际人才要素扩散机制。后发省份的人才流失等问题限制了先发省份对后发省份的经济扩散效应强度，因此需要形成和优化省际人才合作交流制度。教育才能兴国，同样教育才能兴省，因此后发省份要进一步加强对教育的重视，特别是加大力度对技术型人才的培养，并针对人口流失问题建立健全人才合作交流机制，通过更多的政策优惠鼓励经济型人才的引进。其四，发展特色化的产业政策，通过产业转移强化经济扩散效应。承接产业转移是后发省份发展自身产业基础、缩短与先发省份的经济发展距离的重要路径，但在产业转移的承接应当结合自身特色，特别是需要进行产业创新，走先发省份未走的经济发展道路。

（二）地理衰减规律视角的经济扩散效应强化策略

如前文所述，随着空间距离的增加，先发省份对后发省份的经济扩散效应强度不断削弱。从地域上来看，先发省份主要分布在东部沿海地区，后发省份则主要分布于中西部以及东北部地区，整体视角下的地理衰减规律是以东部沿海先发省份作为经济扩散源，自东向西扩散，并且随着空间地理距离的扩大，经济扩散效应强度在逐步减弱。自东向西的经济扩散效应模式的形成，其主要区位表现是经济增长极主要分布在东部沿海地带。在我国区域发展政策的牵引下，过于集中的经济增长极逐步开始分散化，这使我国区域发展形成了不同区位下的"抱团"发展状况，特别是在"一带一路"倡议、黄河经济带、长江经济带等发展战略的作用下经济呈现横跨东西发展走向。因此，我国区域高质量发展需要依靠河流航运、高铁贯通、航空港等综合交通枢纽优势，让东部沿海的先发省份成为龙头，以江河走向作为经济纽带，推动先发省份持续拉动后发省份经济增长。此外，可利用经济"跳跃式"发展模式，在中部地区推动部分省份发展成经济集聚省域的增长极，接替东部先发省份向较远地区形成经济扩散效应，重庆、湖北等地可以作为先发省份向较远西部地区经济过渡的省份，形成阶梯式推进的经济发展扩散效应模式。最终，在让处于东部沿海的先发省份率先引领东部地区经济全面发展的同时，积极带动周边中部地区省份的快速发展，进而以点带面，打破行政壁垒，依托统一大市场建设塑造完善的经济扩散效应渠道。此外，为促使区域经济协同发展以带动全国整体经济高质量发展，中西部以及东北地区各后发省份需要通过大量资本、劳动力、技术等要素投入，大力提升本省经济发展水平；而东部地区先发省份需要充分发挥自身比较优势，强化经济扩散效应，带动周边省份发展成为次级增长极，从而有效形成覆盖范围更加广阔的扩散源，进一步将经济扩散源扩大为发达经济带，缩小区域经济发展差距。

三、疏通渠道、行政壁垒与省际经济扩散效应强化

强化先发省份对后发省份的经济扩散效应，其重点是疏通经济扩散效应渠道和削弱省际行政壁垒，结合我国当前发展实际需要做好以下两个方面：

（一）疏通扩散渠道视角的经济扩散效应强化策略

（1）疏通互联网经济传递资源信息渠道。虚拟经济的崛起使更多的微观要素可以借助互联网流通手段向更为遥远的距离传送资源，这也意味着更多的资源要素可以在更广泛的范围内得到整合，合理改善东部地区过度资源要素聚集而导致利用效率低下的问题，以及缓解中西部以及东北地区资源流失的问题，使要素资源分布更加均衡。

（2）疏通人力资本和技术创新转移渠道。随着我国逐渐从粗放型发展模式向知识密集型发展模式转变，人口素质水平的提升对经济发展水平的提升日益显著，特别是，人力资本提升不仅会促进省域经济增长，还可以为本省域技术创新产业的发展带来可能，从而有利于提升本省域技术创新水平以及创新产业的扩散，进而强化经济扩散效应。因此，后发省份需要强化公共教育服务设施建设，培养高素质人才，并出台优惠政策吸引更多优秀人才，以此建立健全人才制度体系，改善后发省份的劳动力质量，从而疏通人力资本和技术创新转移渠道。

（二）打破行政壁垒视角的经济扩散效应强化策略

行政壁垒通常是指空间层面的行政区划壁垒，一般外化表现为地方保护主义，在省际区域竞争中地方政府为保护本区域利益而设立对商品、服务以及资金、劳动力、技术等要素跨区域流动的限制，进而形成区域市场分割状况。省际行政壁垒是形成市场分割、阻碍统一大市场建设主要壁垒，因此需要打破阻碍要素流动的省际行政壁垒，以提高区域间经济关联的紧密性。一方面，行政壁垒的突破可以以政府产业扶持方式，形成

以产业链为纽带，通过产业互动联结先发省份与后发省份经济的协同发展；另一方面，行政壁垒的突破可以以具体经济发展项目为纽带、以政府政策引导为导向。不同省市间可以联合开展跨行政区域的经济发展项目，实现多层次跨省合作与交流，尤其是以先发省份为经济主导，联合后发省份共同发展的项目，以此促进区域间资本、人才、技术等要素的自由流动。

第三节 强化中心城市对周边城市经济扩散效应的策略

一、城市群空间布局规划与城际经济扩散效应强化

（一）单核城市群空间布局规划策略

坚持核心带动、轴带发展、节点提升、对接周边，推动大中小城市和小城镇合理分工、功能互补、协同发展，促进城乡统筹发展，构建布局合理、集约高效的城市群一体化发展格局。就中心城市建设而言，应注重国家中心城市、航空港、创新示范区、自由贸易试验区和跨境电子商务综合试验区等角色的建设，特别是需要强化物流及商贸中心、综合交通枢纽和对外开放门户功能，全面增强其扩散效应和辐射带动能力。就空间布局优化而言，应积极发展大都市区，塑造主要发展轴带，完善城镇协同发展。具体而言：一是打造集中体现区域竞争力的大都市区核心区，进一步发挥辐射带动作用；二是推动中心城区产业高端化和功能现代化，增强引领区域发展的辐射带动能力；三是支持经济基础较好的重要节点城市建设，加快产业高端化发展，壮大城市规模和综合实力；四是以县级城市为重点，加强产业和公共服务资源布局引导，积极培育现代化中小城市；五是把小城镇作为带动农村地区发展的支点和载体，重点选择区位条件优越、基础好、潜力大的小城镇，发展特色产业，建设特色小城镇。

(二)双核城市群空间布局规划策略

以强化双核中心城市辐射带动作用为基础,以培育区域中心城市为重点,以建设中小城市和重点小城镇为支撑,优化城市规模结构。就中心城市建设而言,发挥城市群双核中心城市的带动功能,重点建设双核中心城市所在的发展主轴及城市带,促进双核中心城市区域内城镇密集区高质量发展,提高空间利用效率,构建"轴带结合、双核多区"的空间发展格局。就空间布局优化而言,需要做到:一是结合自身特点和发展条件,提升区域服务能力,分担核心城市功能,强化区域辐射带动作用;二是把建设重要节点城市作为优化城镇体系的抓手,提升专业化服务功能,培育壮大特色优势产业;三是以县城和发展潜力较大的特大镇为重点,加快基础设施建设,提升城市服务功能,培育发展一批小城市;四是对于位于双核中心城市都市圈范围内的重点镇,要加强与周边城市的统筹规划、功能配套,有效分担城市功能。

(三)多核城市群空间布局规划策略

发挥城市群内龙头中心城市扩散效应的核心作用和区域中心城市的辐射带动作用,依托交通运输网络培育形成多级多类发展轴线,推动城市群内部不同类型和不同区域都市圈的同城化发展,强化城市群内部不同轴线发展带的聚合效应,构建多层级、多轴带的网络化空间格局。一是明确城市群内龙头中心城市功能定位。按照打造世界级城市群核心城市的要求,加快提升城市群内龙头中心城市综合功能,加快建设具有全球影响力的创新、金融或经济中心,发挥特定功能的引领作用,推动非核心功能疏解,推进其与周边城市的协同发展,引领城市群一体化发展。二是促进城市群内都市圈同城化发展。以区域中心城市为核心,以一小时通勤圈为半径,形成圈层型、梯度化、城镇化空间形态,大中小城市围绕中心城市的中心城区形成中心、次中心、郊区、外围的差序发展格局,形成城市群内都市圈同城化发展模式。三是打造一体化城乡体系。构筑功能一体、空间融合的城乡体系,培育区域性生产、贸易、高端服务、交通运输、创新、旅游等特色职能,形成以区域中心城市为核心、以功能节点城市(镇)为纽带、以乡村地域为支撑,生态空间开敞、城乡风貌各异,紧凑型、网络化的一体化城乡体系。

二、要素共享、产业配置与城际经济扩散效应强化

(1)要素共享与城际经济扩散效应强化。一个城市群的发展需要建立在以城市间的合理分工和相互支持之上。比如长三角城市群,经过多年的开放式发展与产业化转型,上海的城市职能已经由当初传统的制造业核心逐步向现代的服务业核心转变,大量生产资源与生产要素已经逐渐向周边城市转移。上海作为中国的金融中心、国际贸易与航运中心,有力带动长三角城市群整体发展,同时,其他三个中心城市杭州、南京和合肥也为上海现代服务业的发展提供了重要的支撑。经济辐射带动能力逐渐由长三角城市群沿海向城市群内部扩展。因此,加强中心城市与周边城市的内部交流,缩小城市之间的差距非常重要。要构建城市群各城市之间的要素共享平台,促进要素的合理流动与共享。城市群要素共享平台建设主要包括以下几方面:其一,基础设施网络平台,一个城市群内的基础设施发展水平越高,中心城市与周边城市的经济往来的费用成本与时间成本也就越低,要素的流动也就更加频繁;其二,信息化网络平台,随着国家 5G 网络的逐步建设,能够使不同层级城市的重大政策和信息迅速流动,从而有效地消除不同层级城市之间的管理和行政壁垒,减少各个城市合作的难度与成本,进而促进城市群空间溢出效应的正向释放;其三,劳动力网络平台,通过城市群信息化网络平台的建设,能够有效地促进不同城市间劳动力的信息沟通与交流,进而有效地消除城市之间由于劳动力资源和信息不对称而造成的供求失衡,最大限度地实现劳动力在城市群各个城市之间的自由流动,从而有效地促进劳动力在各个城市之间的合理配置。特别是,要完善交通和信息通道,促进城市群基础设施的建设。社会经济的活动是由交通、通信干线和通道等基础设施所连接起来的,中心城市通过产品、信息、技术、人员、金融等方式对周边城市产生经济辐射带动作用。因此,要想进一步提高城市群的发展水平,首先需要扩大城市群的交通和通信网络,增加与实际空间的联系及其他经济活动。要建设以飞机、高铁以及高速公路等为核心的现代交通运输体系,充分发挥其增强经济空间联系。在城市之间的交通通道的完善过程中,同时加强各层级城市间的基础设施联系,加大力度促进 5G 网络的广泛应用,从而实现不同层级城市之间生产要素的紧密联系和无障碍流动。

（2）产业配置与城际经济扩散效应强化。产业转移、产业分工是连接一个企业生产空间与区域空间格局的重要桥梁。城市群内各个要素之间的集聚与扩散的复杂关系意味着在制定和研究城市群发展规划时应该深刻地认识到增长极也并非始终都是有益于其临近区域的发展，充分利用各个区域间的优势和互补性才是区域中心城市能否有效带动周边各个城市共同发展的关键。因此，形成城市之间的合理规划与分工不但可以有效整合有限的资源、帮助中心城市的经济溢出效应的发挥，而且有利于避免由于单一增长极发展所带来的过分极化效应。在政策上需要通过引导中心城市部分产业功能的疏散，强化对周边城市的投资环境、对外开放程度、人力资本等外部环境的积累，加强中心城市与周边城市之间的生产要素流动，从而促进中心城市的溢出效应在城市群范围内能够有更好的传导效果。

三、新增长极、区域异质与城际经济扩散效应强化

（1）培育增长极与城际经济扩散效应强化。强化中心城市的经济扩散效应对于引领整个城市群的发展起到了至关重要的作用。东部沿海城市群的中心城市较多，且政治、经济环境优越，中心城市经济扩散效应强度增加的边际效应受到约束，因此应注重城市转型的高质量发展。而中西部城市群的中心城市数量较少，城市群的繁荣和发展仅仅依靠一两个中心城市还远远不够，因此可以在已有基础上积极培育新的中心城市作为增长极，充分挖掘中心城市的经济辐射带动作用，进而推动城市群内部更多城市的繁荣和发展。在培育新的中心城市时应尽可能考虑经济扩散效应的距离衰减规律，合理规划好该城市群内部中心城市与周边城市的空间布局，适当地选择一个综合条件相对较好、与周边城市距离阈值合适的城市作为潜在增长极。

（2）区域异质性与城际经济扩散效应强化。政府部门在研究和制定每个城市的总体经济社会发展规划时，应充分考虑其对各个相邻城市和各个城市群的外部性经济影响，将不同的城市群及其中心城市的经济扩散效应的异质性影响纳入到发展规划制定的过程中。在政策上多向中西部地区的城市群倾斜，给予中西部地区城市群更多的政策性优惠，并大力扶持中西部经济的发展。同时，各个城市群还需要尽量创造要素合理流动的外部空间环境，同时促进中心城市与周边城市之间的合作，进一步推动城市群与

城市群之间、中心城市与周边城市之间经济的协同发展。各个相邻的中心城市与周边城市的政府之间也可以组织相关部门进行调研，评估各城市发展策略对其所在的邻近区域城市所产生的影响，最大程度利用其相邻城市的空间溢出效应来促进各城市整体发展，最终形成城市群内部各城市之间互相合作共赢的良好局面。

第四节
强化城市地区对农村地区经济扩散效应的策略

一、乡村振兴战略深入推进与城乡经济扩散效应强化

（一）完善城乡布局结构与城乡经济扩散效应强化

深入推进乡村振兴战略的重要一环是，以城市群为主体构建大中小城市和小城镇协调发展的城镇格局，增强城市地区对农村地区的辐射带动能力和经济扩散效应。具体而言：一是要加快发展中小城市，完善县城综合服务功能，依托城镇化发展实现城乡间劳动力、资本、技术等生产要素的优化配置，进而强化城市地区对农村地区的经济扩散效应；二是因地制宜发展特色鲜明、产城融合、充满魅力的特色小镇和小城镇，加强以乡镇政府驻地为中心的农民生活圈建设，以镇带村、以村促镇，推动镇村联动发展，进而强化城乡经济扩散效应；三是建设生态宜居的美丽乡村，发挥多重功能，优化农村地区的经济扩散效应承接能力。

（二）推进城乡统一规划与城乡经济扩散效应强化

通盘考虑城市地区和农村地区的协同发展，统筹谋划产业发展、基础设施、公共服务、资源能源、生态环境保护等主要布局，形成田园乡村与现代城镇各具特色、交相辉映的城乡发展形态。强化县域空间规划和各类专项规划引导约束作用，科学安排县域乡村布局、资源利用、设施配置和村庄整治，推动村庄规划管理全覆盖，提升农村地区的经济扩散效应承接

能力。综合考虑村庄演变规律、集聚特点和现状分布，结合农民生产生活半径，合理确定县域村庄布局和规模，建设立足乡土社会、富有地域特色、承载田园乡愁、体现现代文明的升级版乡村，以强化农村地区对城市地区经济扩散效应的承接能力。

(三) 梯次推进乡村振兴与城乡经济扩散效应强化

科学把握我国农村地区的区域差异，推动不同地区、不同发展阶段的农村地区对城市地区经济扩散效应的有序承接。发挥引领区示范作用，东部沿海发达地区、人口净流入城市的郊区、集体经济实力强以及其他具备条件的农村地区，应当强化对城市地区的产业对接和产业链联通。推动重点区加速发展，中小城市和小城镇周边以及广大平原、丘陵地区的农村地区涵盖我国大部分村庄，是乡村振兴的主战场，应当积极推动人才虹吸、资本下乡、技术引进，实现生产要素的有序承接和配置。

(四) 城乡融合发展机制与城乡经济扩散效应强化

顺应城乡融合发展趋势，重塑城乡关系，更好激发农村内部发展活力、优化农村外部发展环境，推动人才、土地、资本等要素的城乡双向流动机制，形成城乡经济扩散效应的渠道。一是实行更加积极、更加开放、更加有效的人才政策，推动乡村人才振兴，让各类人才在农村地区大施所能、大展才华、大显身手；二是完善农村土地利用管理政策体系，盘活存量、用好流量、辅以增量，激活农村地区土地资源资产，保障乡村振兴用地需求；三是健全投入保障制度，完善政府投资体制，充分激发社会投资的动力和活力，加快形成财政优先保障、社会积极参与的多元投入格局。

二、双重主体、城乡互动与城乡经济扩散效应强化

(1) 城市地区主体视角的城乡经济扩散效应强化。城市地区在城乡经济扩散效应格局中扮演着"扩散源"的主体角色。城市地区是经济集聚和极化效应的区位形态，而城市规模的扩张是城市地区"扩散源"角色不断强化的表现，然而城市规模的不断膨胀也使一系列"城市病"问题不断凸显。城市地区作为"扩散源"，要强化其经济扩散能力，就必须避免和弱化城市规模扩大所带来的规模不经济问题。具体而言：其一，应当根据城市的区位条件素、资源禀赋、人口规模、发展潜力合理评估城市的规模大小，针对

不同规模类型城市进行扩张程度控制,控制大城市发展规模,激发中型城市发展潜力,提高小城镇发展空间;其二,合理进行区域及产业规划,划分城市功能,鼓励大中型城市之间以及城市群内部的分工协作,为小城市及农村地区释放的劳动力提供就业空间,激发市场活力;其三,城市应当积极进行基础设施建设投资,扩大中小城市最优规模,完善社保机制,健全环保机制,优化城市空间布局,缓解人口及环境压力。

(2)农村地区主体视角的城乡经济扩散效应强化。农村地区在城乡经济扩散效应格局中扮演着"承接体"的主体角色。随着我国乡村振兴战略的深入推进,农村地区的经济发展水平和经济环境条件均得到不断的改善,故此其对城市地区的经济扩散效应承接能力也在不断提升。然而农村地区经济基础薄弱、信息化程度低、人才流失严重等问题却显著弱化了城市地区对农村地区的经济扩散。强化城市地区对农村地区的经济扩散效应,需进一步高质量提高农村地区对城市经济扩散的承接能力。其一,应加强农村地区基础设施建设水平,完善信息网络建设,提高互联网的普及率,增强信息互联互通能力;加大基础设施建设的补贴力度,改善区域交通,提高农村地区农产品的物流、仓储条件,拓展农村消费市场。其二,改善农村办学条件,注重技术型人才的培养,鼓励经济型人才引进,建立完善的人才合作与交流机制。其三,合理利用自然资源,因地制宜根据地区特色发展优势产业,鼓励企业向农村地区投资,同时依靠政府平台进行品牌宣传,将传统农业与地域文化相结合,构建良好的农业发展运营模式,发展特色经济,提高农村居民收入。

三、产业互通、制度协同与城乡经济扩散效应强化

(1)城乡产业互通视角的城乡经济扩散效应强化。城乡之间的产业比较优势和产业发展基础是存在显著差异的,而实现城乡产业互通是将城乡之间产业比较优势进行有效融合的关键。城市地区普遍二、三产业发达,主要表现为中高端服务业及资本技术密集型产业,而农村地区主要经济活动以农、林、牧、渔等劳动密集型产业及轻工业为主,技术含量较低,产业层面的城乡二元经济结构明显。为有效推动城乡产业互通,需要从不同视角提出优化策略:就产业链视角而言,需加强城乡之间的产业互动,推进农业产业链在城乡间的延伸。特别是,需要搭建良好的城乡产业互动平

第七章 强化发达地区对欠发达地区经济扩散效应的思路与策略

台。例如，建立工业园，促进中小企业集聚，通过扩大园区规模，提高产业的辐射带动能力。同时，需要将传统农业向农产品加工业、农产品流通业延展，甚至是绿色生态、旅游业延伸，增强农村地区第一产业同二、三产业的联系互动，实现城乡产业的互联互动。

(2)城乡制度协同视角的城乡经济扩散效应强化。制度是保障城乡发展格局优化和强化城乡经济扩散效应的关键，而制度供给是实施制度保障的核心。在新发展格局下，基于乡村振兴视角，我国的制度供给应着眼于健全城乡融合机制，合理进行资源分配，基于城乡区位比较优势缩小城市地区与农村地区的发展差异。具体包括：在公共服务方面，加强农村教育经费投入，提高农村地区的医疗服务水平，完善农村地区的社会保障制度，政府可通过引导其他社会资本投资农村地区基础建设，实现人才与技术的转移；在要素配置方面，通过人才引入政策，各类支农活动鼓励毕业生回乡创业，促进新兴产业发展，提高农村经济效益；在公共财政方面，加强对"三农"的投入比例，加强农村地区的财政支持力度，促进农村地区信息化发展，加大财政转移力度；在农村经济发展方面，政府可以提供贷款、税收方面的优惠，建立完善的物联网体系，规范城乡市场制度，促进城乡产业互联互通，扩大农村市场规模。

第五节 本章小结

本章从扩散效应强化的前提、条件、基础、核心四个方面，梳理发达地区对欠发达地区经济扩散效应的强化思路，进而从省际、城际、城乡三个现实维度提出发达地区对欠发达地区经济扩散效应的强化策略。研究表明：

(1)发达地区对欠发达地区经济扩散效应的强化思路。经济扩散效应强化的前提是推动全国统一大市场建设。经济扩散效应强化的条件是拓展空间链条式网络，包括空间有形链条式网络的拓展和空间无形链条式网络

区际经济扩散效应的形成机制、计量评价与强化策略

的拓展(资源虚拟集聚、产业链拓展、创新链拓展)。经济扩散效应强化的基础是有效市场和有为政府的协同建设。经济扩散效应强化的核心是培育区域发展新增长,包括开拓高质量发展的重要增长极、健全"以城带乡"发展体制机制、完善中心城市的辐射带动作用、积极强化省际层面的先发带动作用。

(2)发达地区对欠发达地区经济扩散效应的强化策略。一是先发省份对后发省份经济扩散效应的强化策略,包括多区位发展格局优化(推进西部大开发强化扩散效应承接、推动东北振兴形成扩散效应动能、开创中部崛起塑造扩散效应传导、推动东部形成现代化增长极)以及区域差异化视角、地理衰减规律视角、疏通扩散渠道视角、打破行政壁垒视角的强化策略。二是中心城市对周边城市经济扩散效应的强化策略,包括城市群空间布局规划(单核城市群空间布局规划策略、双核城市群空间布局规划策略、多核城市群空间布局规划策略)以及要素共享视角、产业配置视角、增长极培育视角、区域异质性视角的强化策略。三是城市地区对农村地区经济扩散效应的强化策略,包括乡村振兴战略深入推进(完善城乡布局结构、推进城乡统一规划、梯次推进乡村振兴、城乡融合发展机制)以及城市地区主体视角、农村地区主体视角、城乡产业互通视角、城乡制度协同视角的强化策略。

区际扩散效应与区域共同富裕：
城乡视角

"一部分地区有条件先发展起来，一部分地区发展慢点，先发展起来的地区带动后发展的地区，最终达到共同富裕。"
——邓小平《在武昌、深圳、珠海、上海等地的谈话要点（一九九二年一月十八日——二月二十一日）》
摘自《邓小平文选 第三卷》(1993)

共同富裕是中国式现代化的重要特征，这一特征首先体现在区域层面，即区域共同富裕。在我国全面推动乡村振兴战略的背景下，城乡共同富裕是区域共同富裕的重要组成部分，也是区际扩散效应研究需要关注的重点方向。为此，本章基于城乡视角深入剖析了扩散效应在推动区域共同富裕方面发挥的重要作用。

第一节
引　言

自党的十一届三中全会以来，我国关于城乡关系的战略定位经历了由"农村服务城市"向"城市带动农村"的演变过程，契合了由极化效应向扩散效应调整的理论逻辑。随着党的二十大提出"实现全体人民共同富裕"的使命任务，我国城乡关系的战略定位进入一个新的阶段，"城乡共同富裕"成为由"农村服务城市"向"城市带动农村"转变后的下一个阶段目标。

事实上，早在党的十八大以来，党中央把握发展阶段新变化，把"逐步实现全体人民共同富裕"摆在更加重要的位置上。党的十九届六中全会进一步鲜明地提出，要"立足新发展阶段、贯彻新发展理念、构建新发展格局、推动高质量发展，全面深化改革开放，促进共同富裕"。习近平总书记在中国共产党第二十次全国代表大会上的报告中指出，"全面建设社会主义现代化国家，最艰巨最繁重的任务仍然在农村"，全面推进乡村振兴，需要"坚持农业农村优先发展，坚持城乡融合发展"。在当前脱贫攻坚战取得全面胜利和乡村振兴战略深入实施的宏观背景下，强化扩散效应缓解城乡二元经济结构的非均衡化，实现"以工促农、以城带乡"，持续性推进城乡产业融合发展和城乡区域协调发展，对于扎实推动城乡共同富裕具有重要的理论与现实意义。

共同富裕是社会主义的本质要求，是中国式现代化的重要特征（习近平，2021）。党和国家推动城乡经济社会发展，归根结底是要实现城乡全

体人民的共同富裕。然而,当前我国发展不平衡、不充分问题仍然突出,城乡区域发展和收入分配差距较大,推动城乡共同富裕依然是一项长期任务。而强化扩散效应,实现"以城带乡""城乡融合""城乡协同",是当前我国实现城乡共同富裕的重要路径选择。

扩散效应源于法国经济学家佩鲁首创的增长极理论(Perroux,1950)。该理论认为,重要的经济增长是从推进型产业的技术创新开始,并通过上下游经济链推动产业综合体的增长,进而使综合体所在的中心城市成为地区经济的增长极。在增长极理论视野下,城乡关系经历了一个两阶段的动态调整过程:第一阶段,周边农村地区的要素资源不断向城市地区集聚促进城市地区的经济发展,进而形成"农村服务城市"的经济现象;第二阶段,城市地区通过自身经济发展促成各种要素资源从城市地区向周围农村地区转移,从而形成"城市带动农村"的经济现象。缪尔达尔(Myrdal,1957)和赫希曼(Hirschman,1958)分别将第一阶段和第二阶段的经济现象称之为极化效应与扩散效应。

在国内学术界,基于扩散效应视角探讨"城市带动农村"问题的相关研究还相对较少,更缺乏扩散效应机制下城乡共同富裕的系统性研究。为此,本书基于微观要素、中观产业和宏观发展三个维度探讨了城乡共同富裕的扩散效应机制。微观要素维度关注资本、劳动、技术等生产要素的扩散效应;中观产业维度关注产业承接与转移的产业扩散;宏观发展维度关注物质生活与精神生活共同富裕视角下的发展扩散。而城乡扩散效应受到了要素流动、产业链条、市场竞争、政府激励等机制的驱动。

那么,在城乡共同富裕推动进程中应如何强化扩散效应呢?通过分析扩散效应的影响因素,本书提出了城市地区对农村地区扩散效应的强化策略。本书认为,城市地区对农村地区经济扩散效应主要受四个方面因素的影响:一是城市扩散能力的主体因素;二是农村承接能力的客体因素;三是城乡空间关联的渠道因素;四是政府政策的制度因素。而城市地区对农村地区扩散效应的强化,既要求提升城市地区的经济扩散能力,也需要提升农村地区的扩散承接能力,同时加强城乡间产业链条衔接与空间融合,优化制度安排的协同供给。

第八章 区际扩散效应与区域共同富裕：城乡视角

第二节
中国特色社会主义视域下城乡共同富裕的理论意蕴

共同富裕作为中国共产党人的一种理念至少可以追溯到20世纪80年代(李实，2021)。邓小平同志1985年在中国共产党全国代表会议上的讲话指出："鼓励一部分地区、一部分人先富裕起来，也正是为了带动越来越多的人富裕起来，达到共同富裕的目的。"[1]共同富裕从一种理念转变为一种国家发展阶段的目标，并将这一目标付诸于行动，开始于2020年党的十九届五中全会。习近平总书记在庆祝中国共产党成立100周年大会上强调，在新的征程上要"推动人的全面发展、全体人民共同富裕取得更为明显的实质性进展"。习近平总书记在中国共产党第二十次全国代表大会上的报告中指出，"中国式现代化是全体人民共同富裕的现代化"。习近平总书记提出的新时代共同富裕理论具有严密的马克思主义历史逻辑和丰富的新时代中国特色社会主义现实内涵(葛道顺，2021)。城乡共同富裕是习近平新时代共同富裕理论在城乡区域层面的理论延伸和目标要求。

在中国特色社会主义视域下，城乡共同富裕是新时代城市地区与农村地区全体人民的共同富裕，是城乡居民物质生活和精神生活的共同富裕。在推动城乡共同富裕的进程中，不能仅看到城市地区的经济发展和文化繁荣，也不应片面地强调城乡间整齐划一的平均主义。而应积极应对城乡区域差异和非均衡发展的现实状况，在脱贫攻坚战取得全面胜利、乡村振兴战略深入推进大背景下不断推进城乡融合发展和协同发展，最终实现共同富裕。就目标导向而言，城乡共同富裕进程包括了三个阶段：一是到"十四五"末，城乡共同富裕迈出坚实步伐，居民收入和实际消费水平差距逐步缩小；二是到2035年，全体人民共同富裕取得更为明显的实质性进展，

---

[1] 《邓小平文选》(第三卷)[M]. 北京：人民出版社，1993：142.

基本公共服务实现均等化；三是到21世纪中叶，全体人民共同富裕基本实现，居民收入和实际消费水平差距缩小到合理区间（习近平，2021）。

城乡共同富裕战略的理论逻辑是中国共产党在不断摸索中国特色社会主义道路过程中提炼的经验总结。根据"先富带动后富，实现共同富裕"的理论构想，我国推进城乡协调发展主要历程经历了两个阶段：一是"先富"阶段，表现为"农村服务城市"。在我国的工业化初期阶段，农业支持工业、农村服务城市，是一个普遍的倾向。城市"先富"战略使城市地区逐步成为引领城乡经济发展的增长极，而增长极对农村地区资源和要素的"虹吸"现象不断凸显，增长极的极化效应成为了这一阶段的主要趋势，城乡经济和收入差距不断扩大。二是"先富带动后富"扎实推动"共同富裕"阶段。随着市场的资源配置基础作用的强化以及政府政策的强力推动，城市地区的高质量发展和结构性调整，引致了其对农村地区发展的扩散效应。随着扩散效应的强化，不断实现城市和农村农业现代化的协同推进与城乡深度融合发展，有效解决地区差距、工农行业差距、收入差距等问题，进而逐步实现城乡间物质生活与精神生活的共同富裕。

扩散效应是在马克思主义政治经济学视角下理解城乡共同富裕的重要理论契入点。首先，扩散效应确保了高质量发展的城乡共同富裕。扩散效应完善了城乡间的生产、交换、分配、消费等经济环节和经济关系，使社会制度、体制、机制更加适合异质性城乡区域的生产力和生产关系，推动城乡经济的高质量融合发展，实现城乡基础设施一体化和城乡居民高品质生活，达到共同富裕。其次，扩散效应确保了共享式发展的城乡共同富裕。扩散效应推进了城乡间的要素扩散、产业扩散和发展扩散，发挥了市场和政府在城乡资源配置中的协同作用，排除了阻碍城乡居民和市场主体共同参与发展、分享发展成果的障碍，促进城乡产业融合发展、城乡居民收入共享式增长与生活品质的共享式改善。最后，扩散效应确保了系统化发展的城乡共同富裕。扩散效应不仅带动了城乡经济的平衡性与协调性发展，还促进了城乡基本公共服务均等化，强化了农村基础设施和公共服务体系建设，完善了城乡社会保障体系和社会救助体系。

强化扩散效应推动城乡共同富裕，必须坚持党的全面领导和以人民为中心。扩散效应的强化需要政府与市场的共同驱动，而政府与市场驱动机制的优化需要坚持党的领导。习近平总书记在庆祝中国共产党成立95周年大会上的讲话中指出："中国特色社会主义最本质的特征是中国共产党领导，中国特色社会主义制度的最大优势是中国共产党领导。"政府与市场基础性制度安排的设计与优化，需要充分发挥党总揽全局、协调各方的领导核心作用，把党的领导贯穿于推动城乡共同富裕的全过程、各领域、各环节。在推动城乡共同富裕进程中，必须始终把人民利益摆在至高无上的地位，以人民为中心，坚持发展为了人民、发展依靠人民、发展成果由人民共享。

第三节 区际扩散效应推动城乡共同富裕的理论路径

在城乡二元结构中，城市地区成为经济相对发达的增长极，而农村地区则是处于增长极周边的扩散效应承接地区。当城市经济发展到一定阶段，自身要素结构和产业结构发生调整，劳动力、资本、技术等生产要素及部分产业向农村地区扩散，形成扩散路径机制，使城乡空间经济融合不断加强并带动城乡经济发展差距与居民收入差异缩小，同时推进城乡基本公共服务实现均等化，进而逐步实现城乡共同富裕。在城乡共同富裕推动进程中，扩散效应体现在微观层面的要素扩散、中观层面的产业扩散、宏观层面的发展扩散三个方面。要素扩散是产业扩散与发展扩散的基础，产业扩散是要素扩散的联动形式，而发展扩散是要素扩散与产业扩散的外化表现。

一、区际要素扩散效应推动城乡共同富裕的理论路径

生产要素是维系城市地区和农村地区经济运行及市场主体生产经营过程中所必须具备的基本因素。在推动城乡共同富裕进程中，城市地区对农村地区的要素扩散起到了微观基础的作用。经济学界普遍认为，基本的生产要素包括劳动力、土地、资本三个方面。随着科技的发展和知识产权制度的建立，技术也作为相对独立的要素投入生产。这些生产要素在城市和农村要素市场进行市场交换，形成不同种类的生产要素价格及其市场体

系。事实上,改革开放以来我国城乡间的要素配置经历了两个阶段:在第一阶段,二元经济结构显现,生产要素市场供需的结构化失衡引致城乡间要素名义价格(收益)差异扩大,进而导致生产要素的城乡配置非均衡化加剧,农村地区生产要素不断向城市地区集聚。在第二阶段,城市地区要素使用成本上升,加之市场对要素需求的结构性调整,要素扩散效应显现,主要表现为两种形式:一是要素需求约束下城市地区剩余生产要素向农村地区的反流;二是政策引导与市场机制下特定生产要素向农村地区进行趋利性流动,两种形式最终表现为城乡之间生产要素的结构性配置调整。鉴于土地要素的流动特殊性,本书主要基于资本、劳动力、技术三维视角讨论城市地区对农村地区的要素扩散路径。

(1)资本要素扩散。物质资本是农村地区较为稀缺的生产要素,实现农村地区物质资本在"量"和"质"方面的双重积累,是推动农村地区经济高质量发展的关键。在推动城乡共同富裕进程中,资本要素扩散路径表现为两个方面:一是市场机制层面。随着脱贫攻坚战的全面胜利,农村地区的投资边际回报率不断提升,投资环境和投资条件得到不断改善,趋利导向引致城市地区物质资本的回流。二是政策导向层面。如"工商资本下乡""三次产业融合发展"等城乡产业政策是物质资本扩散的重要路径。改革开放以来,我国城乡间资本要素扩散呈现出阶段性差异:第一阶段是农村资本向城市聚集阶段。改革开放初期,在工业化、城镇化战略的指导下,农业自身积累的物质资本向城市地区集聚,形成了城市地区对农村地区的资本极化现象。相较于规模较大的引进外资,这一现象并未引起足够的关注。在第一阶段中,城市地区形成了较为充裕的物质资本积累,且在知识溢出和技术进步的作用下城市地区投资边际回报率显著高于农村地区,这使城市资本增值在下一轮投资中依旧进入城市,形成了资本流动闭环,城乡经济差异和公共服务差距进一步扩大。第二阶段是城市资本向农村的转移阶段。随着城市规模的不断扩张,交通拥挤、土地稀缺以及环境污染等问题使物质资本的使用成本不断增加,城市地区投资边际回报率开始下降甚至部分地区开始低于农村地区,此时资本要素开始向农村地区进行趋利性的流动。特别是,农村地区的土地要素使用成本和劳动力要素价格相对较低,吸引了大量的城市物质资本回流,并形成资本积累和新一轮资本投入。第二阶段同时也是资本要素扩散的主要形成和发展阶段。随

着城乡间资本配置效率的提高，城市地区对农村地区的资本要素扩散效应越发显著。

（2）劳动力要素扩散。学者普遍认为，城乡劳动力要素配置表现为数量配置和结构调整两个方面，前者反映了农村地区人力资源数量的增加，后者反映了农村地区人力资本水平的改善。人力资源层面的劳动力要素扩散具有显著的阶段性：改革开放初期，农村地区大量剩余劳动力不断向城市地区转移，为城市经济发展提供了充足的劳动力要素供给；然而，随着城市地区劳动力市场不断趋于饱和，加之居民生活成本提升带来的劳动力要素价格上涨，城市地区劳动力开始向农村地区进行要素反流。劳动力反流塑造了劳动力扩散的基本形态，也为后期人力资本层面的劳动力扩散提供了渠道。城乡教育供给差异和公共服务不均衡是导致城乡人力资本水平失衡的主要因素，改革开放初期这一现象表现得尤为明显，其外化表现是在规模效应、竞争效应及经济外部性影响下专业技术人员向城市地区的过度集聚。随着资本扩散进程的加速、政府人才政策的引领、农村教育水平的改善，专业技术人员亦开始反流，形成城乡配置再调整。近年来，农村地区基础设施条件和交通网络不断优化，城乡间生产布局与产业结构发生调整，专业技术人员倾向于迁向城市周边郊区和乡镇地区的现象越来越普遍。人力资源层面的劳动力要素扩散是劳动力要素实体由城市往农村地区的扩散，人力资本层面的劳动力要素扩散是先进的知识与技术等无形资本的扩散。劳动力要素扩散呈现圈层化，越靠近城市核心地，劳动流入速度越快，劳动力要素扩散效应越显著。劳动力要素扩散引致的不仅是城乡劳动力要素配置结构的优化以及城乡经济发展差异的弱化，还带来城乡间居民收入差距的缩小与公共服务供给的均衡。

（3）技术要素扩散。技术是知识经济时代的重要生产要素。在人力资本和物质资本约束下，特别是外资引进的技术溢出效应作用下，改革开放初期城乡间的技术要素配置失衡现象较为严重，城市地区的科技水平与创新能力远超农村地区。作为创新主体的城市地区通过消费、生产等方式主动向周边或农村地区进行技术输出，农村地区的企业或产业在面临巨大压力的情况下也会不断模仿。城市地区对农村地区的技术要素扩散主要体现在技术人员向农村地区的输送、新技术的转让以及示范学习等方面，通过技术要素扩散增加农村地区的知识技术与人力资本的累积，进而实现城乡

经济协调发展，推动城乡共同富裕。事实上，在农村地区实现技术进步主要有两种方式：一是技术创新，二是技术扩散。其中，技术创新的过程也存在集聚效应，往往存在于特定地区，然而市场机制下形成的集聚效应必然伴随着扩散效应的存在。因此，技术扩散是推动农村地区技术进步的重要路径。城乡间的技术扩散效应主要体现在三个方面：一是城市地区技术领先企业的示范效应与农村地区技术落后企业的模仿效应形成的技术进步空间转移。二是人力资本有形转移与无形转移形成的技术载体空间转移。人力资本有形转移主要指通过人员的流动而发生的技术扩散，而人力资本无形转移主要指并不需要通过人员的流动，而只需借助于信息的非自愿流动而发生的技术扩散。三是联系效应引致的技术溢出空间转移，主要是指城乡间市场主体不通过纯粹的市场交易而发生的技术扩散。

要素扩散是扩散效应推动城乡共同富裕微观路径的内在机制，而其现实形态是微观市场主体间的分布、交互与流动。市场主体是市场上从事交易活动的组织和个体，微观视角下市场主体主要包括企业和个人两类。资本要素扩散、技术要素扩散和产业扩散的现实形态主要体现在企业主体层面，而劳动力要素扩散和部分技术要素扩散的现实形态主要体现在个人主体层面。就企业主体而言，要素扩散的分布效应和交互效应得以显现：随着企业生产模式的完善与生产环节部门的增加，企业内部生产环节的分散现象也日益显著，这就使企业各个环节部门在城乡间进行分离性布局，即形成分布效应；同时，企业内部各部门间紧密的信息、人才、资金等要素形成了一个跨城乡的联系网络，不同的生产要素与资源在这个网络中自由流动，即形成交互效应。就个人主体而言，要素扩散的流动效应得以显现：劳动力要素和部分技术要素的现实形态是个人主体，个人主体在城乡之间的流动刻画了劳动力要素扩散和技术要素扩散的过程。

二、区际产业扩散效应推动城乡共同富裕的理论路径

扩散效应推动城乡共同富裕的中观机制主要体现在产业层面，产业扩散是承接微观要素扩散与宏观发展扩散的中间环节。一方面，产业扩散是以要素扩散为基础。区域经济发展梯度转移理论认为，一个国家的经济发展客观上存在梯度差异，高梯度（城市）地区通过持续性创新不断向外扩散求得发展，低梯度（农村）地区通过接受扩散或寻找机会跳跃发展并反梯度

推移求得发展。在这一过程中,作为微观主体的企业会将产品生产的部分或全部由城市地区转移到农村地区,这一过程伴随着要素扩散和技术扩散,由此形成了城乡间的产业转移与承接。另一方面,产业扩散是宏观发展扩散的外化形式。宏观发展扩散是一个无法具象化的概念。而评价城市地区对农村地区发展扩散的一个直观的、有效的方式是观察城乡间的产业结构调整进程。

产业转移与承接是发生在不同经济发展水平的区域之间的一种重要经济现象,主要表现为城市地区与农村地区之间经济结构的匹配性调整。在市场经济条件下,城市地区的部分企业顺应比较优势变化,通过工商资本下乡等形式,把部分产业的生产转移到农村地区,从而在产业的空间分布上表现出该产业由城市地区向外转移和农村地区进行产业承接的现象。在马克思主义经济学视域下,产业转移和承接与要素扩散是互动衍生的。生产要素的相对价格是城乡间产业配置的重要驱动导向。随着生产要素由城市地区向农村地区的转移,依托于生产要素的不同层次类型及其相对价格差异的产业亦开始进行城乡间的转移和配置。一方面,城市地区的剩余生产要素向农村地区流动,引致与该类型生产要素具有紧密联系的产业向农村地区转移,如劳动密集型产业转移的形成;另一方面,在城乡间生产要素相对价格逐渐均等化的过程中,为寻求低成本效应,城市地区的企业与产业不断向后发地区转移。此外,技术溢出是产业扩散的重要路径。产业转移往往伴随着技术溢出的非自愿性扩散的发生。城市地区产业向农村地区的转移带动了技术的跨地区溢出,使农村地区在承接产业转移的同时承接了技术进步。产业转移的技术溢出推动承接地市场主体的学习效应和技术进步,进而促进承接地经济发展。同时,在产业结构调整过程中,城市内部失去比较优势的产业会向农村地区转移,这样既能够使城市地区开拓空间发展其他比较优势产业,又能够使农村地区通过承接产业转移带动经济快速发展并实现产业升级。

三、区际发展扩散效应推动城乡共同富裕的理论路径

发展是一种地理现象的空间转换过程(董姝娜,2016),发展扩散可以理解为发展现象在城乡间的传递与演变(Brown,1990),具有空间和时间上的不可逆性。城乡间的发展扩散依托于要素扩散和产业扩散在宏观层面

得以显现，是城乡间生产要素配置和产业结构调整的外化形态，主要表现为经济发展扩散、制度发展扩散、效率发展扩散三个方面。其中，经济发展扩散表现为城市地区产出增长和收入增长的发展现象向农村地区的扩散，制度发展扩散表现为城市地区正式制度和非正式制度优化的发展现象向农村地区的扩散，效率发展扩散表现为城市地区生产效率、管理效率、研发效率提升的发展现象向农村地区的扩散。

(1) 物质生活共同富裕视角下的城乡发展扩散。物质生活是指满足人类生存和发展需要所创造的物质产品及其所表现的生活形态。在物质生活共同富裕视角下，城乡发展扩散主要体现在经济发展扩散和效率发展扩散两个方面。①城乡间经济发展扩散。一方面，要素扩散改善了城乡要素禀赋结构且调整了城乡间要素配置的结构性差距，强化了农村地区生产要素的产出增长和收入增长。其中，产出增长表现为农村地区生产要素边际产量的提升，收入增长表现为农村地区居民收入的增长及收入结构的趋同，特别是农村居民工资性收入及财产性收入占比的提升。另一方面，产业扩散拓宽了城乡间产业链条，进而实现了城市地区市场主体及其产出增长和收入增长向农村地区的转移。其中，产出增长表现为产业转移带动的农村地区的产能和产量提升，收入增长表现为农村地区产业承接带动的就业和投资引致的收入增长。②城乡间效率发展扩散。一方面，城市地区技术领先企业的示范效应与农村地区技术落后企业的模仿效应形成的技术进步空间转移以及联系效应引致的技术溢出空间转移带动了农村地区生产效率、管理效率、研发效率的提升。另一方面，人力资本有形转移与无形转移形成的技术载体空间转移，伴随着人力资本结构的空间再配置，带动了农村地区生产效率、管理效率、研发效率的提升。城乡间的经济发展扩散和效率发展扩散促进了城乡间居民收入差距的缩小，进而带动实际消费水平差距的缩小，同时逐步实现了城乡基本公共服务的均等化，进而有效地推动了城乡物质生活的共同富裕。

(2) 精神生活共同富裕视角下的城乡发展扩散。精神生活是指一定社会人们的精神生产、思想传播和精神享受过程的总称，其基础是物质生活。在精神生活共同富裕视角下，城乡发展扩散主要体现为制度发展扩散。制度可划分为正式制度和非正式制度，前者是指一些成文的规定，如法规、政策、规章、契约等；后者则是指人们在长期社会交往过程中逐步

第八章 区际扩散效应与区域共同富裕：城乡视角

形成并得到社会认可的约定俗成、共同恪守的行为准则，包括风俗习惯、文化传统、道德伦理等(罗富政、罗能生，2016)。就正式制度扩散而言，在城乡要素和产业交互过程中，城市地区质量更高的正式制度安排被农村地区的市场主体所接受，形成制度学习和模仿效应，这不仅通过制度优化促进了农村地区的经济发展扩散和效率发展扩散，而且推动城乡间组织管理制度和个体行为规范的趋同，进而驱动了城乡间国民素质和社会文明程度差异的弥合。就非正式制度扩散而言，城乡间劳动力要素的交互和流动降低了城乡间的非正式制度壁垒，进而通过多渠道、多形式使农村地区居民有更美好的精神文化享受，不断激发文化创新创造活力，不断增强农村地区居民的文化获得感与满足感(刘东超，2022)。

此外，要素扩散和产业扩散亦在推动精神生活共同富裕方面起到了积极作用。一方面，要素扩散可以推动城乡精神生活共同富裕。要素扩散通过物质和人力资本投资的形式促进城乡间基本公共服务均等化。基本公共服务均等化是指城乡居民都能公平可及地获得大致均等的基本公共服务，其核心是促进机会均等，重点是保障农村居民可以获得与城市居民同等的基本公共服务机会，而不是简单的平均化。随着城市地区对农村地区要素扩散效应的强化，城乡间的基本公共服务均等化水平也得到不断的改善。基本公共服务均等化带来了城乡居民精神生活差异的缩小，为精神生活共同富裕奠定了基础。另一方面，产业扩散可以推动城乡精神生活共同富裕。产业扩散优化了农村地区的产业结构，特别是强化了农村地区文体事业和文旅产业的发展。农村地区文化产业的持续健康发展，新型文化企业、文化业态、文化消费模式不断涌现，推动了文化和旅游融合发展深入拓展，为实现城乡间精神生活共同富裕提供了驱动力(牛家儒和杨晓东，2022)。

受社会物质生活特别是物质生产方式制约的精神生活是一个历史发展的过程，物质生活和精神生活在城乡共同富裕进程中是缺一不可的，同时也是相辅相成的(张德勇，2021)。一方面，城乡居民物质生活共同富裕下的发展扩散为精神生活共同富裕创造了良好条件；另一方面，精神生活共同富裕为物质生活共同富裕提供了精神指引和精神动力。特别是，消费方式、投资理念等市场行为的精神生活差异也在发展扩散中得到了弥补，这为调整城乡居民的投资差异、收入差距、消费距离提供了契机，这也进一步加速了发展扩散的内循环。

第四节
城乡共同富裕进程中扩散效应的驱动机制与影响因素

一、城乡共同富裕进程中扩散效应的驱动机制

本节基于内部与外部的双重视角，阐释了我国推动城乡共同富裕进程中强化扩散效应的驱动机制，其中内部视角关注要素价格机制、产业链条机制、市场竞争机制，外部视角则主要关注政府激励机制。

(1) 要素价格机制。要素价格是指生产要素的报酬，劳动力要素的价格是工资，资本要素的价格是利息，土地要素的价格是租金。要素价格是影响城乡要素配置的重要因素。一般而言，在趋利机制下，一个地区相对较高的要素价格可以驱动相应生产要素在该地区集聚。然而，市场主体不仅要考虑要素价格，还要考虑要素使用成本。学术界将要素价格与要素使用成本之比称之为要素相对价格。近年来，城乡间的要素价格差异非常显著，如城市地区居民名义工资普遍高于农村地区居民。但随着城镇地区居住成本、生活成本、投资成本、土地使用稀缺性的提升，城乡间的要素相对价格却呈现趋同的现象。特别是在高房价的压力下，部分劳动力开始由城市地区向农村地区反流，显现出要素扩散现象。在要素相对价格的调节下，城市地区对农村地区的要素扩散得以形成和发展，称之为要素价格机制。除了高房价外，在一些规模较大的城市地区，劳动力承受着较高的通勤成本和生活费用，这也通过螺旋效应引起工资水平的上涨，使企业的劳动力要素成本进一步增加，进而驱动要素及企业往周边要素成本更低的农村地区转移，企业不断上升的向外扩散趋势，推动产业向周边农村地区扩散。

(2) 产业链条机制。产业链是对产业部门间基于技术经济联系而表现出的环环相扣的关联关系的形象描述。城乡产业链是通过跨城乡的资源整

第八章 区际扩散效应与区域共同富裕：城乡视角

合与合理分工形成的产业部门之间的链条式关联关系。市场主体通过要素扩散与产业扩散形成了城乡间的产业链条，并在城乡间延伸供应、生产、销售的各环节，既是扩散效应的载体也是扩散效应的渠道。城乡间不同产业与企业之间通过价值链条、企业链条、供需链条和空间链条四个维度形成市场关联，进而通过投入产出机制影响城乡间的资源配置模式，这一路径被称之为产业链条驱动机制。产业链条机制表现在内部与外部两个方面：一是内部方面，产业链内部主体之间通过市场机制实现企业与产业在城乡间的优化配置，特别是产业的上下游产业链之间由于生产技术差异形成城市地区对农村地区的技术扩散；二是外部方面，处在同一发展层次或不同发展层次的产业可分别通过水平与垂直的分工加强城乡间的产业联系，特别是产业融合模式带动的新业态发展，显著促进了城市地区对农村地区的扩散效应。

(3)市场竞争机制。市场竞争是市场经济的基本特征，是实现生产要素优化配置的重要路径。要素扩散与产业扩散是城市地区内部主体间以及城乡主体间进行市场竞争的结果，既包括城乡之间的市场空间竞争，也包括城乡区域内部产业以及企业之间的市场竞争。改革开放以来，市场竞争机制使城市地区商品经济向农村地区拓展，强化了城乡扩散效应及农村经济发展。随着农村地区成本优势以及市场潜力的显现，城乡二元之间以及城乡区域内部的市场竞争程度不断加深，市场机制下资源配置的驱动模式也不断形成和完善，这被称之为市场竞争机制。就市场竞争方式而言，市场整合路径的作用相对较弱，因为我国长期实行城乡二元经济体制，城市通过商品流通实现市场扩张的范围有限；而通过资本要素竞争实现的要素扩散与产业转移成为强化城乡扩散效应的主要市场竞争机制。事实上，市场竞争驱动机制下的扩散效应具有显著的层级特征，表现为"中心城市内部—郊区产业园—农村地区"。同时，城乡市场空间整合也加深了产品市场的竞争，制造业、服务业、商贸业企业等在城乡之间的扩散效应就是典型的市场竞争机制。

(4)政府激励机制。由于市场失灵的存在，要素扩散和产业扩散得以实现不能仅依靠市场机制。特别是，城市地区依然在各方面对农村地区具有绝对优势，市场机制并不能为农村地区带来资源配置的相对优势。此时，政府政策的激励机制可以弥补市场失灵的不足，弥补农村地区的

— 191 —

资源配置劣势。政府政策激励机制主要表现在财政、税收、金融三个方面，对生产要素、企业产业及市场环境进行再配置。政府激励政策主要包括三种类型：一是对农村地区相关产业和企业、产品研发、技术创新进行财政补贴；二是对农村地区流向城市的最终产品及农业企业生产所需中间产品进行税收补贴；三是"工商资本下乡""劳动力反流""产业承接转移"实行金融优惠政策。同时，对扩散效应进程中的市场主体实施系列产权保护措施，保护劳动力、投资者及企业的正当收益权，以激励扩散效应。

二、城乡共同富裕进程中扩散效应的影响因素

（1）主体因素：城市地区扩散能力。扩散效应是城市地区与农村地区的互动过程，其中城市地区的扩散能力发挥着重要的作用。城市扩散能力表现在两个方面：一是城市地区的要素资源与企业产业的"输出"能力与渠道；二是城市的经济辐射覆盖范围。城市地区的要素资源充裕度、企业产业结构特征决定了"输出"能力的强弱，而城乡间的交通布局、信息化程度、物流水平影响着"输出"渠道。一般而言，城市规模的扩大伴随着要素资源充裕度的提升以及要素结构调整概率的增加。同时，城市规模的扩大意味着城市经济辐射范围的拓宽，表现为扩散效应腹地宽度的增加。

（2）客体因素：农村地区承接能力。扩散效应是否具有效率还取决于农村地区对其的承接能力。其一，农村地区经济组织化程度对承接能力的影响。城乡二元结构是以社会化生产为主要特点的城市经济和以小农生产为主要特点的农村经济并存的经济结构。非组织化的小农生产制约了城乡经济的有效衔接，而通过农村经济的组织化发展助推小农户与现代农业发展有机衔接（徐旭初等，2019），可以提升农村地区对城市地区经济扩散效应的承接能力。其二，农村地区人力资源及人力资本水平对承接能力的影响。虽然农村剩余劳动力释放使农村人力资源充裕度迅速提升，但普遍受教育水平较低、人力资本水平不足，这制约了农村地区的承接能力。其三，农村地区产业发展基础及现代化水平对承接能力的影响。农村地区产业发展基础及现代化水平是市场竞争机制起作用的关键环节，同时也是调节城乡要素相对价格的现实条件。其四，城乡经济差距、收入差异及农村地区资源配置优势能力对承接能力的影响。一般而言，城乡经济差距、收

入差异越大，农村地区对扩散效应的承接能力越弱，但边际效应越强。而农村地区的资源配置优势越强，其对扩散效应的承接能力也越强。

（3）渠道因素：城乡空间关联程度。人流、物流、信息流、技术流等资源交换渠道使城乡之间产生空间联系。人流和物流依赖于城乡间的交通布局和便利程度以及交通基础设施投资水平，信息流依赖于城乡通信基础设施建设以及农村地区信息化建设水平，而技术流依赖于要素扩散与产业扩散的渠道及其效率。

（4）制度因素：政府政策合理保障。政府在推进城乡融合发展进程中的制度供给是保障扩散效应持续稳定的重要因素。一方面，政府政策可以弥补市场失灵的不足，为处于比较劣势的农村地区提供制度优势保障。如政府通过实施优惠政策，提高区位吸引力，吸引优质企业投资定位于农村地区。另一方面，政府主体可以通过财政政策与货币政策引导，拓宽乡镇企业的融资渠道，改善农村地区企业的融资环境。同时，政府加大基础设施建设力度为畅通要素扩散渠道、降低城乡扩散效应成本提供了重要保障。

第五节 区际扩散效应推动城乡共同富裕的对策建议

一、共同富裕视角下城市地区"扩散源"效应的强化

随着城市规模的不断扩大，人口规模也在不断膨胀，要素集聚程度不断提高，要素使用成本也会随之提升。一方面，应当在城市地区进行要素结构的调整，既要根据城市地区的产业结构发展方向进行先进与高层次生产要素的吸收，又要进行落后与低层次生产要素的淘汰。另一方面，应当利用要素结构调整的契机，强化城市地区生产要素向农村地区的扩散，并带动产业扩散与发展扩散。此外，要强化城市地区"扩散源"的经济辐射能力，必须避免和弱化城市规模扩大所带来的规模不经济问题和扩散渠道不

通畅问题。首先，应当合理控制城市规模，避免城市呈现过度极化效应。城市规模的过度膨胀不仅会导致城市承载过度，还会引致要素的不合理集聚。所以，需根据城市的区位条件、资源禀赋、人口规模、发展潜力合理评估城市的规模大小，针对不同规模类型城市进行扩张程度控制，控制大城市发展规模，激发中型城发展潜力，提高小城镇发展空间。其次，合理进行区域及产业规划，激发要素结构的调整效应，进而强化要素扩散带动产业与发展扩散。同时，依托城市群激励城市主体之间的合作分工，进而为农村地区释放要素供给空间，以实现城乡合作分工的改进。最后，改善基础设施及其网络建设，畅通扩散效应渠道，特别是拓展农村地区的交通可达度以及环境改善度，从"硬件"与"软件"双重视角优化城乡扩散渠道的布局结构。

二、共同富裕视角下农村地区"承接体"效应的提升

农村地区是城市地区扩散效应的承接体。扩散效应的发挥不仅依赖城市地区的扩散强度，还依赖农村地区的承接能力。随着脱贫攻坚战的全面胜利以及乡村振兴战略的实施，我国农村地区的社会经济发展得到极大的改善，但目前依然面临经济基础薄弱、信息化程度低、要素结构失衡等问题。首先，提升农村地区的信息化承接能力。基础设施建设水平的改善是吸引要素回流的关键，结合信息化社会的时代特征，当前应当完善农村地区的信息网络建设，依据"互联网+"的产业发展导向，提升互联网普及率，增强跨区域、跨主体、跨产业的信息互联互通能力。其次，畅通农村地区的渠道化承接能力。提高对农村地区交通设施建设的支持力度，围绕农村地区改善网络化的城乡交通衔接节点建设，同时强化农村地区产品和服务市场外向型物流渠道建设，以增强农村地区对城市地区的市场开拓。再次，优化农村地区的吸纳性承接能力。要素吸纳以拓展要素扩散是实现城乡共同富裕的关键。一方面，农村地区应当改善自身各层次教育供给条件，注重技术型人才的结构培养。另一方面，利用市场机制和政府政策引导人才反流，改进和完善城乡间的人才配置与共享机制。最后，制定农村地区的特色化承接能力。合理利用农村地区具有比较优势的基础资源，因地制宜根据地区特色发展优势产业，鼓励企业向农村地区投资，同时依靠政府平台进行品牌宣传，将传统农业与地域文化相结合，构建良好

第八章 区际扩散效应与区域共同富裕：城乡视角

的农业发展运营模式，发展特色经济，提高农村居民收入，实现城乡共同富裕。

三、共同富裕视角下城乡产业链条衔接与空间融合

形成城乡间的产业链条，强化城乡产业互动以促进城乡空间融合发展，是推动城乡共同富裕的重要路径。城乡间存在显著的产业链条段二元异质性：城市地区具备第二、第三产业优势，主要表现为资本密集型产业、技术密集型产业及中高端服务业集聚的链条段；而农村地区则表现为以农、林、牧、渔等劳动密集型产业及轻工业为主的链条段。在推动城乡共同富裕中，衔接城乡间的产业链条段发挥着重要的作用。产业链是一个包含价值链、企业链、供需链和空间链四个维度的概念。促进城乡间产业链条的衔接，不仅是产业的对接与融合，还包括价值链的衔接、城乡企业的对接、城乡供需结构的承接、城乡地理空间的弥合。一方面，应确保城乡间产业链条段的完整性，城乡产业链的各环节分别布局或配置到适合其经济活动特征的特定地点；另一方面，应确保城乡间产业链条段的层次性，区域类型与产业链的层次之间具有内在的关联关系，农村地区一般拥有产业链的上游链环，其下游链环则一般布局在城市地区。产业链整合不仅是对产业链进行调整和协同的过程，还是城乡间产业融合发展的过程。就乡村振兴战略视野而言，应积极推进农业产业链在城乡间的延伸。特别是，需要搭建良好的城乡产业融合平台，如建立工业园并通过扩大园区规模等方式，促进农村地区的中小企业集聚，提高相关产业的辐射带动能力。当前阶段，应重点将传统农业向农产品加工业、农产品流通业延展，甚至是绿色生态、旅游业延伸，增强农村地区传统产业同新兴产业的融合互动，进而推动城乡共同富裕。

四、共同富裕视角下城乡制度安排协同供给和优化

首先，应当做好正式制度安排的优化供给。一是实施城乡协调发展的宏观战略和完善乡村振兴发展战略，健全转移支付制度，缩小区域人均财政支出差异，加大对农村地区的支持力度。二是要抓住重点、精准施策，推动更多低收入人群迈入中等收入行列，特别是要增加城乡居民住房、农村土地、金融资产等各类财产性收入。三是促进基本公共服务均等化，要

完善养老和医疗保障体系，逐步缩小城市与农村的筹资和保障待遇差距，逐步提高城乡居民基本养老金水平。

其次，应当做好非正式制度安排的优化供给。城乡间的文化差异、方言风俗、经济理念、社会网络等因素形成的非正式制度壁垒在一定程度上阻碍了城乡扩散效应的强化。因此，要强化社会主义核心价值观引领，加强爱国主义、集体主义、社会主义教育，发展公共文化事业，完善公共文化服务体系，不断满足人民群众多样化、多层次、多方面的精神文化需求，以弱化非正式制度壁垒。

关键是应当做好正式制度与非正式制度安排的协同供给。既要以非正式制度安排提升正式制度安排的供给效率，又要以正式制度安排引领非正式制度安排的供给优化。特别是在全面推进乡村振兴的战略背景下，要通过正式制度安排加快农业产业化，盘活农村资产，增加农民财产性收入，又要通过改善非正式制度安排供给使更多农村居民接受城市地区经济发展理念，带动农村经济发展的市场意识，发挥意识的主观能动性作用。

第六节
本章小结

共同富裕是中国式现代化的重要特征，这一特征首先体现在区域层面，即区域共同富裕。在我国全面推动乡村振兴战略的背景下，城乡共同富裕是区域共同富裕的重要组成部分，也是区际扩散效应研究需要关注的重点方向。从党的十一届三中全会关于农业的功能定位，到党的十九大提出实施乡村振兴战略，我国城乡关系经历了由极化效应向扩散效应调整的过程，实现了由"农村服务城市"向"城市带动农村"的转变。强化扩散效应，对于扎实推动城乡共同富裕具有重要的理论与现实意义。

本章在阐析城乡共同富裕理论意蕴的基础上，梳理了城市地区对农村地区扩散效应的微观要素、中观产业、宏观发展三个层面，要素扩散与产业扩散是发展扩散的基础，城乡发展扩散表现在物质生活和精神生活

两方面。城乡扩散效应的驱动体现在要素价格机制、产业链条机制、市场竞争机制及政府调节机制等方面,且受到主体因素、客体因素、渠道因素与制度因素的影响。城乡共同富裕的推动,需要强化城市扩散强度,提升农村承接能力,促进产业链条衔接与城乡融合,优化城乡制度安排协同供给。

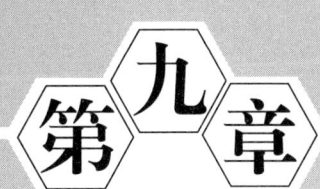

研究结论与研究展望

第一节
研究结论

本书是笔者主持的2018年国家社会科学基金项目(18CJL047)的最终成果(鉴定结果为"良好")。本书在对既有研究进行文献梳理和研究回顾的基础上,阐析发达地区对欠发达地区经济扩散效应的理论内涵,并从省际、城际、城乡三个维度剖析发达地区对欠发达地区经济扩散效应的现实维度。进而从阶段特征、形成路径、形成动力三个方面分析发达地区对欠发达地区经济扩散效应的形成机制。随后,分别对省际、城际、城乡三个维度的经济扩散效应进行计量评价:其一,在省际维度,基于2000~2019年省级面板数据,运用引入空间地理权重矩阵的非线性最小二乘法,计量评价全国层面与地区层面先发省份对后发省份的经济扩散效应及其区域异质性,并检验其地理距离衰减规律。其二,在城际维度,基于2002~2018年中国八大重点城市群的城级面板数据,运用引入空间地理权重矩阵的非线性最小二乘法,分别计量估计单核、双核、多核城市群中心城市对周边城市经济扩散效应的整体系数和个体系数,并检验其地理距离衰减规律。其三,在城乡维度,从宏观发展、中观产业和微观要素三个层面构建指标体系,利用熵值法测度我国30个省份1997~2017年城市地区对农村地区的经济扩散效应,并从城市经济扩散能力、农村扩散承接能力、城乡空间联系程度、城乡发展政府干预四个方面视角,构建半对数模型实证检验城市地区对农村地区经济扩散效应的影响因素。此外,从扩散效应强化的前提、条件、基础、核心四个方面,梳理发达地区对欠发达地区经济扩散效应的强化思路,进而从省际、城际、城乡三个维度提出发达地区对欠发达地区经济扩散效应的强化策略。同时,本书还基于城乡视角拓展性地探究了区际扩散效应作用下的区域共同富裕进程。

根据以上研究脉络,本书得出了以下主要研究结论:

(1)区际经济扩散效应表现为:在非均衡的区域发展格局下,随着发

达地区自身要素集聚程度的提升以及经济结构的优化,发达地区通过微观要素扩散(生产要素流动、技术扩散等)、中观产业扩散(产业配置与产业转移)、宏观发展扩散三维路径,带动欠发达地区的经济发展,实现区域间的协同发展,进而促进区域间共同富裕。区际经济扩散效应具有阶段性:在第一个阶段,基于区位特征,通过政策干预推动发达地区对欠发达地区的极化效应,使发达地区成为增长极;在第二个阶段,发挥发达地区的经济扩散效应,带动发达地区与欠发达地区的共同发展。发达地区对欠发达地区经济扩散效应的现实维度表现为省际、城际、城乡三个维度,即先发省份对后发省份的经济扩散效应、中心城市对周边城市的经济扩散效应、城市地区对农村地区的经济扩散效应。发达地区对欠发达地区经济扩散效应的形成动力包括市场动力机制和政府动力机制两个方面,其中市场动力机制包括要素价格机制、市场竞争机制和产业链条机制。

(2)先发省份对后发省份经济扩散效应的计量评价结果:其一,就全国层面而言,先发省份对后发省份呈现出显著的经济扩散效应,其中上海、浙江、江苏对后发省份的经济扩散效应强度较高,而广东、河北、北京对后发省份的经济扩散效应强度较弱。其二,就地区层面而言,中部地区内先发省份对后发省份的经济扩散效应强度高于东部地区内先发省份对后发省份的经济扩散效应强度,西部地区内先发省份对后发省份依然存在较为显著的极化效应。其三,就区域异质性而言,全国层面先发省份内部存在较为显著的经济扩散效应,其中江苏、浙江、福建、上海的扩散效应强度较高;全国层面后发省份内部亦存在较为显著的经济扩散效应,其中辽宁、内蒙古、吉林、黑龙江的扩散效应强度较高。其四,先发省份对后发省份的经济扩散效应符合地理距离衰减规律,形成了平滑式和跳跃式两种类型,且地理距离衰减规律存在阈值差异,其中1350千米阈值内省际经济扩散效应更为显著,750~1200千米阈值内省际经济扩散效应依然受到极化效应的干扰。

(3)中心城市对周边城市经济扩散效应的计量评价结果:其一,就整体系数而言,单核城市群中心城市对周边城市的经济扩散效应强于双核和多核城市群;受区位特征和经济发展水平的影响,中西部地区城市群中心城市对周边城市的经济扩散效应普遍高于东部地区城市群;若城市群内部城际非均衡程度越高,中心城市对周边城市的经济扩散效应相对较强。其

第九章 研究结论与研究展望

二,就个体系数而言,经济扩散效应强度最大的5个中心城市分别是广州、长春、南昌、重庆、上海;中心城市对周边城市的经济扩散效应受城市战略定位影响显著;多核城市群中心城市经济扩散效应的个体系数普遍高于整体系数,且高层级中心城市的经济扩散效应强于次级中心城市。此外,同一城市群中不同中心城市的经济扩散效应存在一定的差异,表现出层级效应,其中外向型战略定位城市的经济扩散效应较弱,具有政治地位优势的直辖市的经济扩散效应较强。其三,中心城市经济扩散效应强度契合距离衰减效应规律,但具体表现呈现两个方面特征:一是受极化效应影响而表现出的以武汉、成都、西安为代表的类似"L"型趋势;二是受扩散效应影响而表现出的以深圳、广州、郑州、南昌、长沙、重庆、上海、南京、北京和天津为代表的类似倒"L"型趋势。其四,就上海、合肥、哈尔滨、长春、天津和南昌这6个中心城市而言,以其为中心的200千米范围内经济扩散效应最强,超出这一阈值其经济扩散效应逐渐削弱。就南京、杭州、北京、成都和西安这5个中心城市而言,以其为中心的300千米范围内经济扩散效应最强,超出这一阈值其经济扩散效应强度逐渐削弱。就郑州、重庆、武汉和长沙这4个中心城市而言,以其为中心的300千米范围外经济扩散效应最强。

(4)城市地区对农村地区经济扩散效应的计量评价结果:其一,整体而言,城市地区对农村地区具有显著的经济扩散效应。西部地区城市地区对农村地区的经济扩散效应强度远低于东中部地区,其中经济扩散效应强度排名前十的省份中东部地区省份占60%,排名第十到第二十的省份中东部、中部、西部地区省份的比例分布较为均衡,排名后十的省份中西部地区省份占比达60%。其二,就时间趋势而言,城市地区对农村地区经济扩散效应短期内虽有波动但整体上升趋势明显且受政府政策影响较大,云南、陕西、甘肃等西部地区省份的经济扩散效应强度普遍较低且走势比较平缓。其三,就空间布局而言,城市地区对农村地区经济扩散效应呈现东中西阶梯式分布明显,同一区域内不同省份间的差异较大。经济扩散效应区域集聚特征明显,经济扩散效应较高的区域集中在京津冀地区、长三角地区,其次是华中地区和华南地区,再次是东北地区。城市地区对农村地区经济扩散效应最低的是以贵州为首的西南地区和包括新疆、甘肃在内的西北地区。其四,城市经济扩散能力提升可以强化城市地区对农村地区的经济扩散效应,但存在极化效应向扩散效应的经济阶段性调整;农村扩散承接能力提升可以强化城市地区对农村地区的经济扩散效应;城乡空间关联程度的提升可以强化城市地区对农村地区的经济扩散效应;过度的城乡政府干预削弱了城市地区对农村地区的经济扩散效应。

(5)基于上述研究结论,本书提出发达地区对欠发达地区经济扩散效应的强化思路:经济扩散效应强化的前提是推动全国统一大市场建设,经济扩散效应强化的条件是拓展空间链条式网络,经济扩散效应强化的基础是有效市场和有为政府的协同建设,经济扩散效应强化的核心是培育区域发展新增长。进而,本书提出省际、城际、城乡三个维度下经济扩散效应的强化策略:省际维度关注多区位发展格局优化以及区域差异化视角、地理衰减规律视角、疏通扩散渠道视角、打破行政壁垒视角的策略强化;城际维度关注城市群空间布局规划以及要素共享视角、产业配置视角、增长极培育视角、区域异质性视角的策略强化;城乡维度关注乡村振兴战略深入推进以及城市地区主体视角、农村地区主体视角、城乡产业互通视角、城乡制度协同视角的策略强化。

此外,本书提出,强化扩散效应对于扎实推动城乡共同富裕具有重要的理论意义与现实意义。而城乡共同富裕的推动,需要强化城市扩散强度,提升农村承接能力,促进产业链条衔接与城乡融合,优化城乡制度安排协同供给。

第二节
研究展望

本书较为系统地从省际、城际和城乡三个维度解析发达地区对欠发达地区经济扩散效应的形成机制和现实情况,进而提出强化区际经济扩散效应促进发达地区与欠发达地区协同发展和共同富裕的思路和策略。但是,本书的研究成果还存在着一些可以进一步探讨的空间:

(1)在区域异质性的分析过程中,本书的研究切入点可以进一步拓宽。目前,在先发省份对后发省份经济扩散效应的计量评价中区域异质性探究

第九章 研究结论与研究展望

的是东、中、西部地区存在的差异；在中心城市对周边城市经济扩散效应的计量评价中区域异质性探究的是城市群所在区域的区位差异；在城市地区对农村地区经济扩散效应的计量评价中区域异质性探究的同样是东、中、西部地区存在的差异。在后续的研究中，可以进一步讨论深层次的区域异质性差异，如省际经济扩散效应研究中关注省份经济结构差异的扩散效应异质性；城际经济扩散效应研究中关注"强省会"战略引致的省会城市对省内其他城市的经济扩散效应异质性；城乡经济扩散效应研究中关注乡村振兴战略推进阶段性差异引致的城市经济扩散效应异质性。在未来的研究中，还可以进一步讨论在不同经济周期、不同政策规制、不同市场结构等视角下区际经济扩散效应的异质性差异。

（2）受扩散效应计量评价方法的限制，本成果在分析先发省份对后发省份经济扩散效应以及中心城市对周边城市经济扩散效应的约束条件时，无法较为全面地剖析外部条件与经济扩散效应强度之间的线性关系，更无法通过回归分析的方法剖析约束条件影响效应的量化结果。然而，在理论和实践中先发省份对后发省份经济扩散效应以及中心城市对周边城市经济扩散效应的外部约束因素是非常广泛的。在后续研究当中，可以进一步发展引入空间权重的非线性回归模型，进一步系统和全面地探究更多外部因素对经济扩散效应的约束作用，进而为发达地区对欠发达地区经济扩散效应的强化策略提供不同的政策视角。

（3）在区际经济扩散效应的强化策略设计当中，后续研究将进一步关注市场与政府机制互动的策略创新。为实现市场机制与政府作用的有效结合与互动，尝试做好两个方面工作：一方面，重点研究如何通过政府机制创新和政府作用优化，解决市场机制不完善引起的经济扩散不畅问题以及市场自发机制下的经济扩散缓慢问题；另一方面，研究在不同的市场环境下，应如何进行差异化的政策选择和政府干预，以实现市场机制与政府机制的互动与匹配。

（4）进一步关注区际经济扩散效应作用下省际和城际维度的区域共同富裕问题。特别是，要结合物质和精神两个方面探究区域共同富裕的机制，强化要素、产业和发展三个层次的区域共同富裕路径的讨论。最终，为我国区域大发展格局和城市群空间结构下的区域共同富裕政策设计提供借鉴和参考。

参考文献

[1] Aghion P, Howitt P. Growth with Quality-Improving Innovations: An Integrated Framework [M]//Aghion P, Dur lauf S. Handbook of Economic Growth. New York: Elsevier, 2005: 67-110.

[2] Ahmad M, Hall S G. Economic Growth and Convergence: Do Institutional Proximity and Spillovers Matter? [J]. Journal of Policy Modeling, 2017, 39(6): 1065-1085.

[3] Arrow K J. The Economic Implications of Learning by Doing[J]. The Review of Economic Studies, 1962, 29(3): 155-173.

[4] Autant-Bernard C, LeSage J P. Quantifying Knowledge Spillovers Using Spatial Econometric Models[J]. Journal of Regional Science, 2011, 51(3): 471-496.

[5] Bai C E, Ma H, Pan W. Spatial Spillover and Regional Economic Growth in China[J]. China Economic Review, 2012, 23(4): 982-990.

[6] Bai Y, Kung J K. Diffusing Knowledge while Spreading God's Message: Protestantism and Economic Prosperity in China, 1840-1920[J]. Journal of the European Economic Association, 2015, 13(4): 669-698.

[7] Boudeville J R. Problems of Regional Economic Planning[M]. Edinburgh: Edinburgh University Press, 1966.

[8] Brown L A, Lentnek B. Innovation Diffusion in a Developing Economy: A Mesoscale View[J]. Economic Development and Cultural Change, 1973, 21(2): 274-292.

[9] Brown L A. Place, Migration and Development in the Third World: An Alternative View[M]. London and New York: Routledge, 1990.

[10] Brun J F, Combes J L, Renard M F. Are There Spillover Effects between Coastal and Noncoastal Regions in China? [J]. China Economic Review, 2002, 13(2-3): 161-169.

[11] Capello R. The City Network Paradigm: Measuring Urban Network Externalities[J]. Urban Studies, 2000, 37(11): 1925-1945.

[12] Chen A, Partridge M D. When are Cities Engines of Growth in China? Spread and Backwash Effects across the Urban Hierarchy[J]. Regional Studies, 2013, 47(8): 1313-1331.

[13] Feser E, Isserman A M. Harnessing Growth Spillovers for Rural Development: The Effects of Regional Spatial Structure[Z]. Urbana-Champaign: University of Illinois at Urbana-Champaign, 2006.

[14] Friedman, J. R. Regional Development Policy: A Case Study of Venezuela[M]. Cambridge: MIT Press, 1966.

[15] Glaeser E L, Kallal H D, Scheinkman J A, Shleifer A. Growth in Cities[J]. Journal of Political Economy, 1992(100): 1126-1152.

[16] Groenewold N, Lee G, Chen A. Inter-Regional Spillovers in China: The Importance of Common Shocks and the Definition of the Regions[J]. China Economic Review, 2008, 19(1): 32-52.

[17] Hagerstrand T. Innovation Diffusion as a Spatial Process[M]. Chicago: The University of Chicago Press, 1967.

[18] Hasebe Y, Shrestha N. Economic Integration in East Asia: An International Input-Output Analysis[J]. The World Economy, 2006, 29(12): 1709-1735.

[19] Henry M S, Schmitt B, Kristensen, K, Barkley D L, Bao S. Extending Carlino-Mills Models to Examine Urban Size and Growth Impacts on Proximate Rural Areas[J]. Growth and Change, 1999, 30(4): 526-548.

[20] Hirschman A O. The Strategy of Economic Development[M]. New Haven: Yale University Press, 1958.

[21] Hsieh C T, Klenow P J. Misallocation and Manufacturing TFP in China and India[J]. The Quarterly Journal of Economics, 2009, 124(4): 1403-1448.

[22] Huang Q, Chand S. Spatial Spillovers of Regional Wages: Evidence from Chinese Provinces[J]. China Economic Review, 2015(32): 97-109.

[23] Hudson J C. Diffusion in a Central Place System[J]. Geographical

Analysis, 1969, 1(1): 45-58.

[24] Ke S, Feser E. Count on the Growth Pole Strategy for Regional Economic Growth? Spread-Backwash Effects in Greater Central China[J]. Regional Studies, 2010, 44(9): 1131-1147.

[25] Keller W. Geographic Localization of International Technology Diffusion[J]. American Economic Review, 2002, 92(1): 120-142.

[26] Kirkegaard J F. Offshoring, Outsourcing, and Production Relocations-Labor Market Effects in the OECD and Developing Asia[J]. The Singapore Economic Review, 2008, 53(3): 371-418.

[27] Krugman P. Geography and Trade[M]. Cambridge: The MIT Press, 1991.

[28] Lucas A. Public Policy Diffusion Research: Integrating Analytic Paradigms[J]. Science Communication, 1983, 4(3): 379-408.

[29] Lucas Jr. R E. On the Mechanics of Economic Development[J]. Journal of Monetary Economics, 1988, 22(1): 3-42.

[30] Miller R E. Comments on the "General Equilibrium" Model of Professor Moses[J]. Metroeconomica, 1963, 15(2-3): 82-88.

[31] Morrill R L. Waves of Spatial Diffusion [J]. Journal of Regional Science, 1968, 8(1): 1-18.

[32] Myrdal G. Economic Theory and Under-developed Regions [M]. London: Gerald Duckworth, 1957.

[33] North D C. Institutions, Institutional Change and Economic Performance [M]. Cambridge: Cambridge University Press, 1990.

[34] Perroux F. Economic Space: Theory and Applications[J]. The Quarterly Journal of Economics, 1950, 64(1): 89-104.

[35] Rogers E M. Diffusion of Innovations(5th Edition)[M]. New York: Free Press, 2003.

[36] Romer P M. Increasing Returns and Long-Run Growth [J]. Journal of Political Economy, 1986, 94(5): 1002-1037.

[37] Scott C. Patterns of Development in Latin America by John Sheahan [J]. Bulletin of Latin American Research, 1988, 7(2): 344-345.

［38］Shi S J. Social Policy Learning and Diffusion in China：The Rise of Welfare Regions？［J］. Policy & Politics，2012，40(3)：367-385.

［39］Sonis M，Hewings G J D. Coefficient Change in Input-Output Models：Theory and Applications［J］. Economic Systems Research，1992，4(2)：143-158.

［40］Sun C，Yang Y，Zhao L. Economic Spillover Effects in the Bohai Rim Region of China：Is the Economic Growth of Coastal Counties Beneficial for the Whole Area？［J］. China Economic Review，2015(33)：123-136.

［41］Suyanto S，Salim R. Foreign Direct Investment Spillovers and Technical Efficiency in the Indonesian Pharmaceutical Sector：Firm Level Evidence［J］. Applied Economics，2013，45(3)：383-395.

［42］Tientao A，Legros D，Pichery M C. Technology Spillover and TFP Growth：A Spatial Durbin Model［J］. International Economics，2016(145)：21-31.

［43］Tobler W R. A Computer Movie Simulating Urban Growth in the Detroit Region［J］. Economic Geography，1970(46)：234-240.

［44］Wang S K. China's Interregional Capital Mobility：A Spatial Econometric Estimation［J］. China Economic Review，2016(41)：114-128.

［45］Williamson J G. Regional Inequality and the Process of National Development：A Description of the Patterns［J］. Economic Development and Cultural Change，1965(13)：1-84.

［46］Ying L G. Measuring the Spillover Effects：Some Chinese Evidence［J］. Papers in Regional Science，2000，79(1)：75-89.

［47］Yu J，Lee L F. Convergence：A Spatial Dynamic Panel Data Approach［J］. Global Journal of Economics，2012，1(1)：1-36.

［48］Zhang Q，Felmingham B. The Role of FDI，Exports and Spillover Effects in the Regional Development of China［J］. The Journal of Development Studies，2002，38(4)：157-178.

［49］蔡书凯，倪鹏飞. 极化抑或涓滴：城市规模对农业现代化的影响［J］. 经济学家，2017(7)：46-55.

［50］陈强，龚玉婷. 基于近邻截断的跳跃扩散过程波动函数的设定检验［J］. 中国管理科学，2020，28(7)：45-56.

[51] 陈勇兵,陈宇媚,周世民.中国国内市场整合程度的演变:基于要素价格均等化的分析[J].世界经济,2013,36(1):14-37.

[52] 程开明.聚集抑或扩散——城市规模影响城乡收入差距的理论机制及实证分析[J].经济理论与经济管理,2011(8):14-23.

[53] 程名望,贾晓佳,仇焕广.中国经济增长(1978—2015):灵感还是汗水?[J].经济研究,2019,54(7):30-46.

[54] 邸俊鹏,孙百才.高等教育对经济增长的影响——基于分专业视角的实证分析[J].教育研究,2014,35(9):39-46.

[55] 丁从明,吉振霖,雷雨,梁甄桥.方言多样性与市场一体化:基于城市圈的视角[J].经济研究,2018,53(11):148-164.

[56] 丁忠民.城市带动农村的"自然性"与"强制性"测度[J].改革,2008(4):92-97.

[57] 董姝娜.发展扩散与区域经济一体化研究——以长吉地区为例[D].东北师范大学博士学位论文,2016.

[58] 樊士德,沈坤荣,朱克朋.中国制造业劳动力转移刚性与产业区际转移——基于核心—边缘模型拓展的数值模拟和经验研究[J].中国工业经济,2015(11):94-108.

[59] 高远东,花拥军.人力资本空间效应与区域经济增长[J].地理研究,2012,31(4):711-719.

[60] 葛道顺.新时代共同富裕的理论内涵和观察指标[J].国家治理,2021(30):8-11.

[61] 龚勤林,陈说.马克思主义视阈下的区域协调发展及对我国的启示[J].马克思主义研究,2012(8):90-96+160.

[62] 龚维进,徐春华.空间外溢效应与区域经济增长:基于本地利用能力的分析[J].经济学报,2017,4(1):41-61.

[63] 郭楚.发挥中心城市的辐射带动作用[N].南方日报,2013-04-13(A09).

[64] 郭金龙,王宏伟.中国区域间资本流动与区域经济差距研究[J].管理世界,2003(7):45-58.

[65] 韩峰,柯善咨.空间外部性、比较优势与制造业集聚——基于中国地级市面板数据的实证分析[J].数量经济技术经济研究,2013,30(1):

22-38+116.

[66] 赫希曼. 经济发展战略[M]. 北京：经济科学出版社，1991.

[67] 胡晓辉. 城市间制度创新的辐射范围研究——基于省会、直辖市的空间计量分析[J]. 经济问题探索，2015(11)：114-119.

[68] 胡宗义，郭晓芳. 湖南省县域经济发展的空间关联及溢出效应研究[J]. 湖南师范大学自然科学学报，2019，42(1)：1-9.

[69] 霍露萍，张强. 我国大都市区集聚与扩散的空间计量分析——基于空间面板数据[J]. 企业经济，2020，39(1)：99-107.

[70] 贾娜，周一星. 中国城市人均GDP差异影响因素的分析[J]. 中国软科学，2006(8)：109-118.

[71] 柯善咨，夏金坤. 中原城市群的集聚效应和回流作用[J]. 中国软科学，2010(10)：93-103.

[72] 柯善咨. 中国城市与区域经济增长的扩散回流与市场区效应[J]. 经济研究，2009，44(8)：85-98.

[73] 雷根强，蔡翔. 初次分配扭曲、财政支出城市偏向与城乡收入差距——来自中国省级面板数据的经验证据[J]. 数量经济技术经济研究，2012，29(3)：76-89.

[74] 李成，王彬，马文涛. 我国金融形势指数的构建及其与宏观经济的关联性研究[J]. 财贸经济，2010(3)：20-26.

[75] 李飞. 中国经济型连锁酒店空间扩散类型及其规律——接触扩散与等级扩散的理论视角[J]. 旅游学刊，2010，25(8)：52-58.

[76] 李富强，董直庆，王林辉. 制度主导、要素贡献和我国经济增长动力的分类检验[J]. 经济研究，2008(4)：53-65.

[77] 李金昌，程开明. 等级扩散抑或传染扩散——国美连锁店的扩张之路兼与沃尔玛比较[J]. 财贸经济，2008(3)：104-109.

[78] 李敬，陈澍，万广华，付陈梅. 中国区域经济增长的空间关联及其解释——基于网络分析方法[J]. 经济研究，2014，49(11)：4-16.

[79] 李凯，刘涛，曹广忠. 城市群空间集聚和扩散的特征与机制——以长三角城市群、武汉城市群和成渝城市群为例[J]. 城市规划，2016，40(2)：18-26+60.

[80] 李实. 共同富裕的目标和实现路径选择[J]. 经济研究，2021，

56(11): 4-13.

[81] 林建浩, 赵子乐. 均衡发展的隐形壁垒: 方言、制度与技术扩散[J]. 经济研究, 2017, 52(9): 182-197.

[82] 林毅夫, 张鹏飞. 后发优势、技术引进和落后国家的经济增长[J]. 经济学(季刊), 2005(4): 53-74.

[83] 刘东超. 精神生活共同富裕是共同富裕的重要内容[J]. 党建, 2022(2): 35-37.

[84] 刘贯春, 张晓云, 邓光耀. 要素重置、经济增长与区域非平衡发展[J]. 数量经济技术经济研究, 2017, 34(7): 35-56.

[85] 刘水, 陈暮紫. 中国城市房价波动扩散等级传递效应研究[J]. 地域研究与开发, 2021, 40(4): 45-50.

[86] 刘昕. 区域经济发展的扩散效应研究——以"哈大齐工业走廊"为例[J]. 经济研究导刊, 2009, 8(9): 146-148.

[87] 刘友金, 吕政. 梯度陷阱、升级阻滞与承接产业转移模式创新[J]. 经济学动态, 2012(11): 21-27.

[88] 陆军. 城市外部空间运动与区域经济[M]. 北京: 中国城市出版社, 2001.

[89] 罗富政, 何广航. 政府干预、市场内生型经济扭曲与区域经济协调发展[J]. 财贸研究, 2021, 32(2): 30-42.

[90] 罗富政, 罗能生. 地方政府行为与区域经济协调发展——非正式制度歧视的新视角[J]. 经济学动态, 2016(2): 41-49.

[91] 马东升, 董宁. 数值计算方法(第3版)[M]. 北京: 机械工业出版社, 2015.

[92] 牛家儒, 杨晓东. 正确把握实现人民精神生活共同富裕的内涵[N]. 光明日报, 2022-07-25(6).

[93] 潘文卿, 李子奈. 三大增长极对中国内陆地区经济的外溢性影响研究[J]. 经济研究, 2008(6): 85-94.

[94] 潘文卿, 吴天颖, 胡晓. 中国技术进步方向的空间扩散效应[J]. 中国工业经济, 2017(4): 17-33.

[95] 潘文卿, 吴天颖. 中国技术进步偏向性的省际扩散效应: 1996-2015[J]. 系统工程理论与实践, 2018, 38(2): 374-389.

参考文献

[96] 潘文卿. 中国区域经济发展：基于空间溢出效应的分析[J]. 世界经济, 2015(7)：120-142.

[97] 潘雄锋, 艾博薇, 明杨. 中国区域间技术创新的空间溢出效应研究[J]. 运筹与管理, 2019, 28(7)：118-124.

[98] 彭文斌. 资本流动对区域经济差距的影响研究[D]. 复旦大学博士学位论文, 2008.

[99] 屈炳祥. 论《资本论》与马克思的资源配置理论[J]. 经济评论, 1999(4)：8-11.

[100] 史丹. 构建新发展格局的时代背景与重点任务[N]. 经济日报, 2020-08-19(11).

[101] 舒元, 才国伟. 我国省际技术进步及其空间扩散分析[J]. 经济研究, 2007(6)：106-118.

[102] 孙晓华, 郭旭, 王昀. 产业转移、要素集聚与地区经济发展[J]. 管理世界, 2018, 34(5)：47-62+179-180.

[103] 孙早, 刘李华, 孙亚政. 市场化程度、地方保护主义与R&D的溢出效应——来自中国工业的经验证据[J]. 管理世界, 2014(8)：78-89.

[104] 覃成林, 杨霞. 先富地区带动了其他地区共同富裕吗——基于空间外溢效应的分析[J]. 中国工业经济, 2017(10)：46-61.

[105] 王春杨, 孟卫东, 周靖祥. 高铁时代中国城市群空间演进：集聚还是扩散[J]. 当代经济科学, 2018, 40(3)：103-113+128.

[106] 王如玉, 梁琦, 李广乾. 虚拟集聚：新一代信息技术与实体经济深度融合的空间组织新形态[J]. 管理世界, 2018, 34(2)：13-21.

[107] 王少剑, 王洋, 赵亚博. 1990年来广东区域发展的空间溢出效应及驱动因素[J]. 地理学报, 2015, 70(6)：965-979.

[108] 王效梅, 余正颖, 刘小勇. 广东省经济增长的扩散回流与市场区效应实证检验[J]. 地理科学, 2020, 40(10)：1636-1645.

[109] 王雨飞, 倪鹏飞. 高速铁路影响下的经济增长溢出与区域空间优化[J]. 中国工业经济, 2016(2)：21-36.

[110] 吴昊, 李美琦. 基于长三角与京津冀比较的区域经济增长的聚集效应与扩散效应研究[J]. 商业研究, 2018(5)：63-69.

[111] 习近平. 推动形成优势互补高质量发展的区域经济布局[J]. 求

是，2019(24)：4-9.

[112] 习近平. 扎实推动共同富裕[J]. 求是，2021(20)：4-8.

[113] 谢呈阳，周海波，胡汉辉. 产业转移中要素资源的空间错配与经济效率损失：基于江苏传统企业调查数据的研究[J]. 中国工业经济，2014(12)：130-142.

[114] 熊义杰. 技术扩散的溢出效应研究[J]. 宏观经济研究，2011(6)：46-49+65.

[115] 徐敏，姜勇. 中国产业结构升级能缩小城乡消费差距吗？[J]. 数量经济技术经济研究，2015，32(3)：3-21.

[116] 徐旭初，金建东，嵇楚洁. 组织化小农与小农组织化[J]. 学习与探索，2019(12)：88-97+2.

[117] 许治，焦秀焕，朱桂龙. 国家中心城市技术扩散与区域经济增长——以北京、上海为例[J]. 科研管理，2013，34(4)：16-23.

[118] 颜银根，安虎森. 中国分割的经济空间：基于区域间经济增长溢出的实证研究[J]. 当代经济科学，2014，36(4)：47-57+125-126.

[119] 叶文辉，伍运春. 成渝城市群空间集聚效应、溢出效应和协同发展研究[J]. 财经问题研究，2019(9)：88-94.

[120] 曾国军，陆汝瑞. 星巴克在中国大陆的空间扩散特征与影响因素研究[J]. 地理研究，2017，36(1)：188-202.

[121] 张德勇. 共同富裕是人民物质生活和精神生活都富裕[N]. 中国青年报，2021-11-01(2).

[122] 张光南，宋冉. 中国交通对"中国制造"的要素投入影响研究[J]. 经济研究，2013，48(7)：63-75.

[123] 张建清，孙元元. 进口贸易技术溢出、技术的空间扩散与地区技术差距[J]. 南方经济，2012(10)：146-161.

[124] 张伟，王韶华. 整体迁移模式下承接产业与本土产业融合互动的情景分析——以河北承接北京八大产业转移为例[J]. 中国软科学，2016(12)：105-120.

[125] 张学波，陈思宇，廖聪，宋金平. 京津冀地区经济发展的空间溢出效应[J]. 地理研究，2016，35(9)：1753-1766.

[126] 张学良. 中国交通基础设施促进了区域经济增长吗——兼论交

通基础设施的空间溢出效应[J].中国社会科学,2012(3):60-77+206.

[127] 张勋,乔坤元.中国区域间经济互动的来源:知识溢出还是技术扩散?[J].经济学(季刊),2016,15(4):1629-1652.

[128] 张勋,王旭,万广华,孙芳城.交通基础设施促进经济增长的一个综合框架[J].经济研究,2018,53(1):50-64.

[129] 张亚雄,赵坤.区域间投入产出分析[M].北京:社会科学文献出版社,2006.

[130] 赵舒柯.城市对农村经济扩散效应的测度及影响因素研究[D].湖南师范大学硕士学位论文,2020.

[131] 郑一明,张超颖.从马克思主义视角看全球化、反全球化和逆全球化[J].马克思主义与现实,2018(4):8-15.

[132] 钟水映,李魁.人口红利、空间外溢与省域经济增长[J].管理世界,2010(4):14-23+186-187.

[133] 朱博恩,张伯伟,马骆茹.交通基础设施联通对"丝绸之路经济带"的经济影响研究——基于CGE的模拟分析[J].国际商务(对外经济贸易大学学报),2019(5):41-55.

[134] 朱旭峰,赵慧.政府间关系视角下的社会政策扩散——以城市低保制度为例(1993—1999)[J].中国社会科学,2016(8):95-116+206.

[135] 朱炎亮.劳动力流动、城乡区域协调发展的理论分析[J].经济科学,2016(2):5-17.

[136] 邹樵,吴丁佳宝,姜杰.共性技术扩散的网络与外溢效应[J].管理世界,2011(1):182-183.